JN085378

キャリアコンサルタントの仕事と将来性がわかる本

津田裕子 編著

Hiroko Tsuda

中央経済社

はじめに

　2019年に『キャリアコンサルタントになりたいと思ったらはじめに読む本』を，中央経済社から上梓いたしました。おかげさまで，反響をいただき，増刷を重ねています。

　そのなかで，「キャリアコンサルタントの仕事内容についてもっと知りたい」「資格をとっても仕事はないのでは？」「AIやコロナの影響で，将来性はどうなの？」とリクエストをいただくことがありました。

　本書は，そのようなお声をきっかけとして，第一線で働くキャリアコンサルタントの方々にご協力いただいて出版するものです。

　普段の仕事の中でどのようなことを意識して相談者にかかわっているか，その仕事にどのようなやりがいを見出しているか，将来についての見解などを示してもらっています。

　キャリアコンサルタントが，この令和の時代に重要な役割を担っていくことがおわかりになると思います。

　本書が，キャリアコンサルタントやキャリアコンサルタントを志望する方がご自身のキャリアプランを描く参考になれば幸いです。

キャリコンシーオー主宰
株式会社リバース取締役
キャリアコンサルタント

津田　裕子

目　　次

PART 3
稼げるキャリアコンサルタントになるには ——— 113

キャリアコンサルタント のリアルとは

1 キャリアコンサルタントのリアル

- -

◆キャリアコンサルタントはどこにいる？

　キャリアコンサルタントになりたいと思ったら，まずはそのリアルを知る必要があります。まず，キャリアコンサルタントに会うにはどうすればよいでしょうか。就職や転職の際に，相談した経験のある方はいらっしゃるかもしれませんが，あまり多くは知られていません。

　実際，どのようなところで働いているのでしょうか。

　職業紹介・労働者派遣業と公務の職業相談・職業紹介が最も多く，その

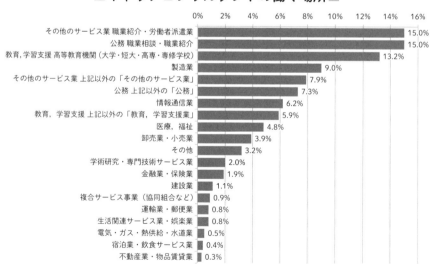

■キャリアコンサルタントの働く場所■

その他のサービス業 職業紹介・労働者派遣業	15.0%
公務 職業相談・職業紹介	15.0%
教育,学習支援 高等教育機関（大学・短大・高専・専修学校）	13.2%
製造業	9.0%
その他のサービス業 上記以外の「その他のサービス業」	7.9%
公務 上記以外の「公務」	7.3%
情報通信業	6.2%
教育，学習支援 上記以外の「教育，学習支援業」	5.9%
医療，福祉	4.8%
卸売業・小売業	3.9%
その他	3.2%
学術研究・専門技術サービス業	2.0%
金融業・保険業	1.9%
建設業	1.1%
複合サービス事業（協同組合など）	0.9%
運輸業・郵便業	0.8%
生活関連サービス業・娯楽業	0.8%
電気・ガス・熱供給・水道業	0.5%
宿泊業・飲食サービス業	0.4%
不動産業・物品賃貸業	0.3%

※労働政策研究報告書No. 200（2018）『キャリアコンサルタント登録者の活動状況等に関する調査』（発行元：労働政策研究・研修機構）より

次に教育，学習支援高等教育機関（大学，短大など）になります。

　人材派遣の会社や職業を紹介するところ，いわゆるハローワークや一般企業で言うとパソナ，アデコ，テンプなど，そして若者支援の大学キャリアセンターなどが国家資格キャリアコンサルタントを活かせる場となっています。

◆試験改訂と活躍の場の拡大

　最近では国家資格キャリアコンサルタント試験の内容改訂がなされ，範囲に「リカレント教育」や「企業内キャリア形成」が追加されました。「働き方改革」や「人生100年時代」といった政策的課題に対応した役割を的確に担うことが期待されているあらわれです。

　どんなところで，どんな人たちに支援をしたいですか？　キャリアコンサルタントとしての専門分野を極めていくことが求められています。

▒これから期待される役割▒

企業	セルフ・キャリアドックをはじめとする企業内での在職者に対するキャリアコンサルティング機会の提供，その他キャリア支援の環境整備
職業訓練校	専門実践教育訓練や公的職業訓練をはじめとする中長期的なキャリア形成に資する学び直しを効果的に行う前提としてのキャリアコンサルティングの実施，ジョブ・カードの作成支援
リカレント教育	個人の主体的な学び直しを通じたキャリアアップ・再就職の支援
ワークライフバランス	仕事と治療の両立，子育て・介護等と仕事の両立に関するキャリアの視点からの支援
人生100年時代	中高年・高齢者が活躍できる就業・転職の促進

◆キャリアコンサルタントの雇用形態

　独立行政法人労働政策研究・研修機構の調査によると，キャリアコンサルタントで最も多いのは，正社員で40％程度です。以下，非正規社員が30％程度，キャリアコンサルタントとしてフリーランスや自営で働いている方が10％程度と続きます。

　キャリアコンサルタント以外でフリー・自営の方も6％程度で，その本業は，社労士が多かったようです。

　年齢別にみると，20代から40代は正社員，50代では経営・管理職，60代からは非正規社員，フリー・自営，ボランティア，無職が多くなっています。

■キャリアコンサルタントの就労状況■

※労働政策研究報告書No. 200（2018）『キャリアコンサルタント登録者の活動状況等に関する調査』（発行元：労働政策研究・研修機構）より

◆年収はどれくらい？

　年収としては，200〜400万円の方が最も多く30％程度，400〜600万円，600〜800万円とつづきます。

■最近1年間の年収（税込み）■

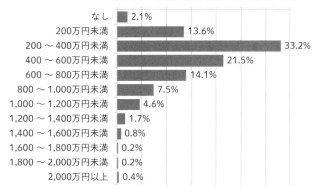

なし	2.1%
200万円未満	13.6%
200 〜 400万円未満	33.2%
400 〜 600万円未満	21.5%
600 〜 800万円未満	14.1%
800 〜 1,000万円未満	7.5%
1,000 〜 1,200万円未満	4.6%
1,200 〜 1,400万円未満	1.7%
1,400 〜 1,600万円未満	0.8%
1,600 〜 1,800万円未満	0.2%
1,800 〜 2,000万円未満	0.2%
2,000万円以上	0.4%

※労働政策研究報告書No. 200（2018）『キャリアコンサルタント登録者の活動状況等に関する調査』（発行元：労働政策研究・研修機構）より

　民間給与と比較すると，キャリアコンサルタントのほうが若干収入が高いといえるかもしれません。

■民間給与との比較■

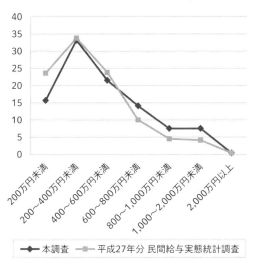

※労働政策研究報告書No. 200（2018）『キャリアコンサルタント登録者の活動状況等に関する調査』（発行元：労働政策研究・研修機構）より

年齢別にすると，20代および30代では400〜600万円，40代で600〜800万円，50代で800万円以上の割合が多く，60代で定年を経て下がるようです。

◆ 活動状況

　独立行政法人労働政策研究・研修機構の調査によると，キャリアコンサルタントに関する活動として，「ほぼ毎日活動している」が30％程度，不定期の方も30％程度のようです。後者の不定期の方について詳しくみると，70代以上の方の回答が多くなっています。

　「ほぼ毎日活動している」方については，需給調整機関が66％，学校・教育機関の方が43％，地域が45％と続きます。

■ 活動状況と場所 ■

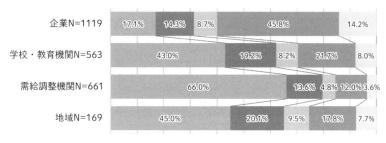

※労働政策研究報告書No. 200（2018）『キャリアコンサルタント登録者の活動状況等に関する調査』（発行元：労働政策研究・研修機構）より

◆ 専業割合と生計状況

　「キャリアコンサルタントだけで生計が立ちますか」とよく聞かれます。調査によると，専業の方は，20％程度で他の活動もしている方が多いです。

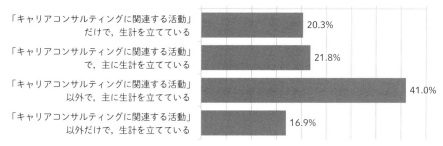

■生計状況■

※労働政策研究報告書No. 200（2018）『キャリアコンサルタント登録者の活動状況等に関する調査』（発行元：労働政策研究・研修機構）より

◆キャリアコンサルティングに関連する活動とは

　ちなみに，キャリアコンサルティングに関連する活動の内容としては，相談，面談，カウンセリングが60％弱，セミナー，研修，授業の講師が20％程度です。

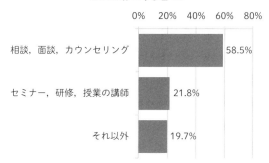

■活動の内容■

※労働政策研究報告書No. 200（2018）『キャリアコンサルタント登録者の活動状況等に関する調査』（発行元：労働政策研究・研修機構）より

2 AI化とキャリアコンサルタント

◆ 労働人口の減少とAI化

「AIでなくなる仕事，なくならない仕事」が取り沙汰されています。そのような書籍も多く刊行されています。

たしかに，AIの技術の研究が進められており，私たちのこれからの生活に関わってくるのだろうと感じています。AIによってなくなる仕事もあるでしょう。

ただ，AIは敵視すべきものではなく，味方です。

そもそも，AI化が推進されているのは，日本の人口減少で労働力が大きく低下しているからです。

2020年を見ると15歳から59歳の労働力人口は6,664万人です。これに対して30年後の2050年には4,654万人となります。約3割も働く人が減るのです。

「このままでは仕事をAIにとられてしまう」のではなく，「AIを早く普及させないと社会活動が正常に続けていくことが困難になる」のです。

もちろん，なくなる仕事があるのは事実です。私たちは賢く柔軟にキャリアを考えていく必要があります。

◆ キャリアコンサルタントはAIに代替される？

AIは，計算や物を運んだりするのが得意です。買い物のお会計や倉庫での荷物の移動等は既に移行しつつあります。

逆に，人間特有の感情に関する仕事をAIがすることはできません。

　悩みを聴いてほしい，相談したいということに対してAIではなかなか対処できません。

　もちろん，能力的にはできるかもしれませんが，誰が機械に相談したいと思うでしょうか。

　友人や尊敬する人など，信頼できそうな人に自分の話を聴いてもらってやさしく丁寧にケアをしてもらいたいのです。

　人間にしかできない「ケア」は今後のキーワードです。

　キャリアコンサルタントの需要はますます高まるでしょう。

■労働力人口（15歳～59歳）の減少■

総人口（万人）　　　実績値 ◀━　━▶ 推計値

年	総人口	0～14歳	15～59歳	60～64歳	65～69歳	70～74歳	75歳以上	年齢不詳
平成22（2010）	12,806	1,680	7,099	1,004	821	696	1,407	98
27（2015）	12,709	1,589	6,783	846	964	770	1,613	145
28（2016）	12,693	1,578	6,840	816	1,028	741	1,691	
32（2020）	12,532	1,507	6,664	742	824	923	1,872	
37（2025）	12,254	1,407	6,398	772	716	781	2,180	
42（2030）	11,913	1,321	6,039	836	747	681	2,288	
47（2035）	11,522	1,246	5,559	936	811	711	2,260	
52（2040）	11,092	1,194	5,180	798	907	774	2,239	
57（2045）	10,642	1,138	4,883	701	775	868	2,277	
62（2050）	10,192	1,077	4,654	621	682	742	2,417	
67（2055）	9,744	1,012	4,439	589	604	654	2,446	
72（2060）	9,284	951	4,196	597	573	580	2,387	
77（2065）	8,808	898	3,970	560	582	551	2,248	

凡例：□ 0～14歳　□ 15～59歳　■ 60～64歳　□ 65～69歳　▨ 70～74歳　■ 75歳以上　■ 年齢不詳

資料：2010年と2015年は総務省「国勢調査」，2016年は総務省「人口推計」（平成28年10月1日確定値），2020年以降は国立社会保障・人口問題研究所「日本の将来推計人口（平成29年推計）」の出生中位・死亡中位仮定による推計結果
（注）2010年，2015年の総数は年齢不詳を含む。

※内閣府平成29年版高齢社会白書（全体版）（PDF版）より

3 働き方改革とキャリアコンサルタント

◆ 多様な人材活用の必要性

　労働力人口の減少に対する解決策として，多様な人材活用があります。

　これまで「働く人」と言えば，「男性で」「元気で」「終身雇用で」「正社員で」というイメージでした。これからは女性も，病気の人も，外国人も，高齢者も，障がいのある人も，「みんなで働いて日本を元気にしていきましょう！」という方向性です。

　この方向性のもとに，「働き方改革」が推進されています。ただ，最初からはうまくはいきません。働く女性を例にとってみても，産休や育休で様々なトラブルが起きたり，キャリアの中断が起きたりしています。

　本人にとっても，活用する会社側にとっても，相談できる存在が必要です。それを担うのがキャリアコンサルタントなのです。

◆ 日本は女性活用の後進国

　M字カーブをご存じでしょうか。

　年齢層別に見た女性労働率のグラフで特徴的な曲線のことをいいます。結婚出産などで一旦離職し，育児が一段落したら再び働きだす女性が多いという日本の特徴を反映した折れ線グラフです。このM字カーブを時系列で比較してみると，M字の谷の部分がだんだん浅くなってきています。これは，女性が出産・育児に関わらず就業を継続するようになってきているあらわれです。

　だだ，他の先進国と比較すると，その取組みは非常に遅れています。世

界経済フォーラム（World Economic Forum）が2019年12月，「Global Gender Gap Report 2020」を公表し，その中で，各国における男女格差を測るジェンダー・ギャップ指数（Gender Gap Index：GGI）を発表しました。この指数は，経済，政治，教育，健康の4つの分野のデータから作成され，0が完全不平等，1が完全平等を示しています。2020年の日本の総合スコアは0.652，順位は153か国中121位（前回は149か国中110位）でした。

　男性の育休が話題になっていますが，まだまだ浸透していません。厚生労働省の発表によると，まだ6％程度です。

　女性活用のためにも，**男性の育休**を浸透させていく必要がありますが，その場合にも，**キャリアの中断という悩みは同様**です。ここでも，キャリアコンサルタントの存在が重要になってくるでしょう。

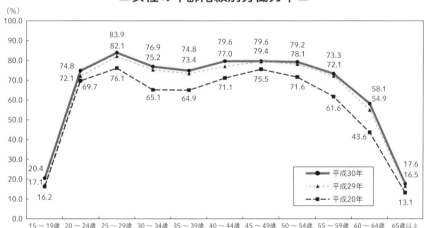

■ **女性の年齢階級別労働力率** ■

資料出所：総務省「労働力調査」（平成20年，29年，30年）
※「平成30年の働く女性の状況」（厚生労働省）より

4 アフターコロナ時代と キャリアコンサルタント

◆ コロナの影響はキャリアコンサルタントにも

2020年4月7日に新型コロナウイルスの感染防止のため、「緊急事態宣言」が発令され、私たちの生活は大きく変わりました。

キャリアコンサルタント更新講習（技能講習）も、特例で当面オンラインを認められました。

私が開校する講座も、オンラインに移行しましたし、会議などもオンラインが普通になっています。

今後どうなるのかはわかりませんが、オンラインの便利さも不便さも体感し、**ハイブリッド型**になっていくのではないかと思います。

キャリアコンサルタントも、その変化に柔軟に対応していく必要があります。

◆ 就活が変わった

キャリアコンサルタントが扱う就職や転職の世界もコロナ禍で様変わりしました。

従来、「就活」といえば、学生がスーツで企業に行き面接をすることを指しました。しかし、多くの企業説明会は中止され、動画配信となりました。それだけでなく、面接もオンラインを余儀なくされたのです。

企業も学生もかなり大変でした。

学生側からすると、「画面のどこを見たらいいのかわからない」「A企業

はzoom，B企業はTeams……毎回設定が大変」「パソコンでなくてもスマホでもいいですか」などの相談が私のところにも来ました。

　また，企業側から聞いた話ですが，在宅での面接で，母親がいて「こういいなさい」と指示しているような様子があったり，「なぜか目線がおかしく，画面の上にカンペがあるような様子があったりしたそうです。
　笑い話のようではありますが，お互い試行錯誤ですから仕方ありません。今後の就職活動の方式がどうなるかはわかりませんが，キャリアコンサルタントはオンラインで起こりがちなことについて学生をサポートする役割があります。

◆ テレワークで高まるキャリア面談への期待

　テレワーク導入企業も一気に増えました
　上司からの遠隔管理にとまどいモチベーションが低下している従業員が増えていることも最近の問題として挙げられています。
　こういった企業に対して**オンラインでのセルフ・キャリアドック制度**を活用することもすすめています。

■セルフ・キャリアドック導入促進■

　「セルフ・キャリアドック」とは，企業がその人材育成ビジョン・方針に基づき，キャリアコンサルティング面談と多様なキャリア研修などを組み合わせて，体系的・定期的に従業員の支援を実施し，従業員の主体的なキャリア形成を促進・支援する総合的な取組み，また，そのための企業内の「仕組み」のことをいいます。

入社時や役職登用時，育児休業からの復職時など，企業ごとに効果的な
タイミングでキャリアコンサルティングを受ける機会を従業員に提供しま
す。
　これにより，以下の効果があります。

・従業員の職場定着や働く意義の再認識を促す
・企業にとっても人材育成上の課題や従業員のキャリアに対する意識
　の把握，ひいては生産性向上につながる

　テレワークにおける従業員に対するケアという意味合いでキャリアコン
サルティングを行うことは有効です。ニーズはますます高まるでしょう。

◆SNSやチャットの行間を読む

　これからのキャリアコンサルタントにはオンラインでの相談業務も増え
てくるでしょう。対面には到底劣りますが，SNSやチャットで文字のみで
のやりとりでも，相談者の隠れたサインを見逃さないようにしていく必要
があります。
　柔軟に対応できるようになることで，選ばれるキャリアコンサルタント
になっていけるでしょう。

活躍する6名に聞く!

キャリアコンサルタント
の仕事と将来性

FILE 1
キャリア相談の普及にまい進

塚田　亜弓（つかだ　あゆみ）

国家資格キャリアコンサルタント／米国CCE,Inc.認定GCDF-Japan キャリアカウンセラー。現職及び株式会社トライアンフにて，人事コンサルタント業務9年。採用，教育研修，労務制度づくりなど，幅広くHR業務に従事する。2017年1月にHRラボ株式会社を設立し，社長就任。創業後，企業内セルフ・キャリアドック制度の導入実績は1,000社を超える。厚生労働省キャリアコンサルタント更新講習の認定講師。キャリアコンサルタントのためのコミュニティ『キャリコンサロン』創設者。

自分のようなキャリア迷子を助けるサポートがしたい

——なぜキャリアコンサルタントに？

　学生時代から新卒入社の１社目まで，キャリアに迷いを抱えながら，過ごしてきました。学校の進路選択，就職先の選択など，キャリアの分岐点ではいつも悩み，そのたびに納得のいく決断ができなかったように感じています。

　「相談できる人がいない」という当時の不安・不満を解消したいと思ったことが，この業界に足を踏み入れたきっかけです。

——その後，どのような経緯で独立を？

　はじめて自分の強い意志で，１社目からの転職を決意し入社したのが，人事コンサルティングの会社です。ここでは，クライアント企業の人事責任者とともに，従業員の採用や教育研修に携わりました。

　そのなかで，人によって組織が変わる場面に，多く立ち会うことになりました。一人ひとりが自分のキャリアに自信を持ち，経営者と現場で働く人との乖離をなくして，互いが幸せに働く環境づくりにもっと関わりたい。

　きれいごとでなく，どこかに肩入れすることなく，中立な立場になれたらと思いました。そこで，独立したコンサルタントになることを決めたのです。

——独立に不安はありませんでしたか？

　不安がないと言えば嘘になりますが，それを上回る高揚感がありました。転職した人材コンサルでは，企業のトップや人事部長などを相手に商談する機会が多くありました。組織や人事課題の話をしているうちに，人事の専門知識は蓄積することができても，結局のところ，経営者の気持ちや痛みは，経営者にならなければ理解できないと思うようになったのです。

——経営者になってみてわかることがあると。

　実際に会社のトップをやってみて一番感じたことは，経営者は孤独ということ。だからこそ，人事領域の専門家として，経営者の壁打ち相手にもなれるような伴走できるキャリアコンサルタントでありたいと思っています。

　個人としてキャリアに悩んだ経験，そして，未熟ながらも会社の代表になってみて感じたことから，組織に属さない第三者として，企業（組織）と従業員個人をつなぐ役割を担いたいと強く思っています。

独立後の仕事

——独立系キャリアコンサルタントの仕事内容とは？

　活躍の場面は多岐にわたると思いますが，私がお受けしている主な業務は，以下のようなものがあります。

■主な業務■

- ・セルフ・キャリアドック制度／キャリア開発支援室導入のサポート
- ・キャリア関連の研修・セミナー登壇
- ・個別カウンセリング
- ・人事関連コラムの執筆
- ・人事顧問（労働問題や助成金活用をした企業戦略等のご相談）

　キャリアコンサルタントというと，1on1の相談業務のイメージが強いかと思いますが，実際には，集合型でのキャリア研修やステークホルダーと進めるキャリア開発支援制度の導入プロジェクトなど，さまざまな方と関わりながら，仕事をしています。

　特に最近は，企業内にキャリア開発支援室（キャリア相談室）を設置したいというご相談をいただくことが増えてきました。

キャリア開発支援室導入の進め方

——キャリア相談室を設置する企業が増えているのですね。

　はい。導入には以下のようなステップを踏むことになります。

■導入のステップ■

1　ヒアリング・導入ガイダンス

2　人材育成ビジョン・方針の明確化

3　制度設計サポート

4　実施基盤／運用準備

5　実施

6　フォローアップ

　これまで，1 都 1 道 2 府36県，約1,000社以上のセルフ・キャリアドック制度の導入に関わらせていただいています。セルフ・キャリアドックとは，厚生労働省によると，企業がその人材育成ビジョン・方針に基づき，キャリアコンサルティング面談と多様なキャリア研修などを組み合わせて，

体系的・定期的に従業員の支援を実施し，従業員の主体的なキャリア形成を促進・支援する総合的な取組み，また，そのための企業内の仕組みをいいます。

　この導入にあたり，弊社が大切にしているポイントを3つご紹介します。

> ①　組織の現状把握
>
> 　企業の経営方針・人材育成ビジョン，現在の組織課題を十分に理解した上で，企業に適した導入ガイダンス（キャリア研修，ワークショップ，説明会等）を実施します。方針やビジョンが曖昧な場合には，一緒に策定することもあります。
>
> ②　対象者に適したコンサルタントのアサイン
>
> 　業界経験，年齢，エリア，得意領域等を考慮して，自分よりも適任と思うキャリアコンサルタントがいる場合には，つながりある同業者に面談対応を依頼しています。そのために同業者のネットワークは大事にしています。
>
> ③　フォローアップ
>
> 　対象従業員の面談個別レポート・組織に対する全体レポートを作成する際には，経営視点でのまとめを心がけています。また，経営者や人事担当者，各部署と連携して，マスの対応ではなく，個別アプローチを心がけ，行動確認を行うことを大事にしています。

営業戦略・マーケティング

——独立後の営業などはどうされていますか？

　創業以来，お仕事はつながりある方からのご紹介で成り立っています。なので，たいそうな戦略はありません。ただ，「人脈づくり・セルフブランディング・チャレンジ」の3つを日頃意識しています。

——人脈づくりとは？

　人脈というと無機質な感じですが，人とのつながりを大事にするということです。

　創業したばかりの頃は，ツテもコネもなかったので，異業種交流会やセミナーに参加してみたり，商工会議所など各種団体の会員になったり，まずはつながりを作るために行動していました。

　はじめのうちは，資産運用，情報商材，マルチ，ネットワークビジネス等を一方的に押し売りされるだけのイベントに参加してしまったこともありました。しかし，めげずに参加を続けていくと，次第にイベントの告知文を見ただけで，イベントに参加する価値がありそうか判断できるようになってきます。

　ちなみに，わかりやすいところで言うと，主催団体（者）が明記されていない。ホームページに代表者の氏名・写真が載っていないものは要注意と思っています。また，同様にキーマンの判断もつくようになってきます。

　そして，新しい方と出会った時，大事にしていることがあります。

　『自分のサービスを売り込む前に，自分のことを知ってもらうこと。相手の役に立てることはないかを考えること』です。

　目の前にいる方がクライアントになってくだされば一番早いですが，そのようなケースは少ないように思います。そのため，目の前にいる方に自分のことを知っていただき，その方の周囲で困っている方がいた時に，私のサービスで解決できることがあれば，ご紹介をお願いする。そういう関係をつくることができれば，理想的だと考えています。

── 2つめのセルフブランディングとは？

なるべく早いタイミングで，自分を宣伝するための，名刺やロゴマーク，ホームページを整備しました。いずれも専門家に依頼をしていますが，内容や細かい部分のこだわりは口出ししています。自分の頭で考えると愛着も湧きますし，自分を売ってくれる顔になる部分なので，できる限り妥協せずに制作することが大事だと思っています。

最近では，以前よりも安価にスピーディにホームページを作ることが容易になったと思います。費用をかければよいものができるとも限らないですし，補助金等を活用できることも多いので，営業ツールとして整備することをお勧めしたいです。

■HRラボ株式会社のホームページ■

https://hr-labo.jp/

そして，「何でもできます！」は「何もできない」と一緒だと思っているので，自分は何が得意なのか，を語れるように自分の強みを考えています。

例えば今の私の場合は，『キャリアコンサルタント×経営者×労務×組

22

織づくり（コミュニティづくり）』このあたりかなと思っています。

　キャリアコンサルタントかつ経営者というところで，少なくとも有資格者５万人のなかから絞り込みがなされると思います。この掛け合わせが増えれば増えるほど，ライバルは減るという考えです。興味関心・こだわり価値観・強み能力が重なるところが自分の武器になるので，そこを磨いて打ち出す努力をしています。

── ３つめのチャレンジとは？

　目先の利益を考えず，「やってみたい！」と思ったお仕事は金額を問わず，お引き受けしています。それが結果的に，次のお仕事に発展しているように思います。

　こちらが望む条件でなかったとしても，まずは全力でやらせていただきます。そのうちに，働きぶりを評価いただき，相手方から条件アップの打診をいただくケースや知り合いの経営者をご紹介いただくケースも多々あります。

　逆に「やりたくない！」と思ったものは，たとえ条件がよかったとしても勇気をもってお断りするようにしています。誰しもこれまで培ってきた感覚は，結構当たるものだと思っています。いまひとつ誠実さが感じられない，仕事に対するスタンスが合わない等，お断りした後になって，その商談相手がトラブルを起こしたという話を風の噂で聞くこともありました。この「やってみたい！」「やりたくない！」のアンテナの精度を高めていくことが大事だと思っています。

キャリアコンサルタントとして独立して

——独立して大変な点は？

　大変な点は，キャリアコンサルタントという存在がまだあまり知られていないことです。キャリア相談の文化が，日本では海外ほど根付いていないため，キャリアコンサルタントができることを言語化して，自ら仕事をつくっていく必要があると思っています。

　ここが最も大変でもあり，その分やりがいも大きいと感じています。

　また，社会貢献性の高い仕事であるため，ボランティアやプロボノでの活動として，お声がかかることもよくあります。気持ちとしては，すべて受けていきたいところですが，どこまでを無料で，どこからプロとして報酬を求めるか，の線引きをする勘所も大事だと思います。

🕐 **ある1日の過ごし方**

6：00	**起床・ストレッチ**
10：00 〜 12：00	**キャリア・デザイン研修登壇** クライアントと数回の事前打ち合わせを経て，社内のミドル・シニア層30名を対象とした『キャリアプラン研修』を担当させていただきました。

　現在のマーケット動向や自己理解のためのワークショップなどを取り入れたコンテンツは，「自分自身のセカンドキャリア，部下後輩のキャリア指導の参考になった」と嬉しいお言葉をいただきました。

| 12:00〜13:30 | クライアントとランチを取りながら打ち合わせ
クライアント担当者と研修受講者の様子や今後のフォローアップについて，振り返りと雑談をしながら，ゆっくりランチ。 |

雑談の中から次のご提案のヒントが得られることも。

| 13:30〜16:00 | 自宅で資料づくり
セミナーの登壇資料や営業資料の作成をひとり黙々と行います。 |

| 16:00〜17:00 | 顧問先と打ち合わせ
顧問先と毎月定期ミーティングを行っています。会社の戦略，キャリア施策の進捗状況など，社長を含めたチームメンバーで共有を行います。 |

| 17:00〜20:00 | カウンセリング（オンライン）
会社にお勤めの方からのご相談が多いため，お仕事の落ち着く夕方以降でご予約いただくことが多いです。おひとり 1 時間程度のカウンセリング。 |

現在の職場に対するお悩みを利害関係のない第三者という立場から，伺っていきます。ご相談いただく主訴は，職場の人間関係，労働環境，転職についてが多いです。

| 20:00 | 業務終了 |

ある面談の実例

——具体的にはどのような面談をしますか？

例えば，ある建設会社では，2か月に1回，事務所にお伺いをして，営業職の社員さんを対象にカウンセリングしています。守秘義務があるため，面談内容のすべてをフィードバックすることはできませんが，面談対象者の意向も確認した上で，総括という形式で社長に報告しています。すると，以下のようなコメントをいただきました。

≪お客様の声（建設会社社長より）≫

　代表として従業員の状況を把握しなくてはならないので，塚田社長のレポート，とてもありがたいです。当然に会社に携わる皆が大切なのですが，やはり，一番若くして会社としても経歴も長いAさんが心配です。あとの営業メンバーは，それなりに仕事も経験してきていますし，年齢的にもストレスの発散はできるでしょうから，そんなには心配していないです。

　　　　　　　　　　　　　　　　⋮

　第三者に相談できるのは，自分を客観的にみれる良い機会だと思います。これから，12月に1人，1月に1人社員待遇で雇用します。ですので，塚田社長の面談をこれからも継続させたいです。私自身も，経営者としての相談ができずメンターの必要性を感じています。

——頼りにされていますね。

よくクライアント企業の社長様からは，「塚田さんはニコニコしながらも，痛いところを指摘してくるなと思っています。でも，なかなか言ってくれる人がいないので，ありがたいよ」というお言葉をいただきます。誉

め言葉と受け取っています（笑）。

現在は仕事が中心

——オン・オフはどう分けていますか？

　いまのところ，あまりオンとオフの概念がありません。

　顧問先の業種が様々なので，土曜，日曜，祝祭日も仕事をされていることが多く，相談の連絡が入ることもあります。また，個人からのカウンセリング予約は，普段企業にお勤めの方が多いため，職場が休日となる土日に入ることも多いです。その他にも，自社でのキャリアコンサルタント同士の事例検討会などを週末開催することが多いため，なんだかんだ休みなく活動しています。ただ，それを苦に思ったことはなく，むしろ楽しんでいます。

　気晴らしに外出しても，メールをチェックしたり，電話が鳴ると出てしまったりするので，年数回ですが，ゴルフ場やマリンスポーツなど，半強制的にインターネットが繋がらない環境へ逃亡する日をつくるようにはしています。

キャリアコンサルタントとして心がけていること

——普段気をつけていることは？

　キャリアコンサルタントとして，心掛けていることは 3 つあります。
　「+ α の力を持つこと・仕事へ広げること・切磋琢磨できる仲間を持つこと」です。

—— + α の力を持つとは？

　キャリアコンサルタントという資格を取得しただけでは，日本国内では，

まだまだ職業として収入を得るには難しいのが現状だと感じています。すでに5万人を超える有資格者がいるなかで，いかに選ばれる人材になるか，ここが大切だと思います。キャリアコンサルタントという資格にプラスして，自分にはどのような武器があるか，それを常に考えています。

——仕事へ広げるとは？

キャリアコンサルタントは，「プロフェッショナル」であるべきだと思っています。プロフェッショナルがその技術で十分な対価を得ることができないということは，まだプロとは呼べない状況だとも思っています。

キャリアコンサルタントを目指す方の多くは，根幹に「人の役に立つ」「人を支えたい」という気持ちが強く，ボランティア精神あふれる方が多いように感じています。それは本当に素晴らしいことだと思います。

その一方で，しっかりとした専門性があれば，十分な対価をお客様からいただくことは当然であって，安易な値下げや無料提供は，キャリアコンサルタントの価値を自ら下げてしまうおそれがあるため，活動の中でも注意しています。

キャリアコンサルタントの資格は，取得してからどう活かすかが重要ですから，次につなげていく意識を持ち合わせることが非常に大切だと思っています。そして，その意識の先は，お客様を向いていたいと考えています。自己研鑽のための座学や仲間内でのロールプレイ（面談練習）も必要ですが，それと同時に，実際にお客様から対価をいただいて，実践の場数をどれだけ踏むことができるか。その機会を自ら創り出していくことを意識して活動しています。

——切磋琢磨できる仲間を持つこととは？

カウンセリングでは，相談者一人ひとりによって性格やお悩みが異なるので，決まった対応方法がない難しさがあります。こんなとき，他のキャ

リアコンサルタントさんならどう考えるか？等の事例検討や情報交換の場は，大切だと思っています。キャリコンサロンというキャリア支援従事者が集まるコミュニティを立ち上げたのも，こうした想いからです。

キャリコンサロンのホームページ　https://career-salon.jp/

キャリアコンサルタントの今後

――これからキャリアコンサルタントはどうなっていきますか？

　2016年に国家資格化されたキャリアコンサルタントは，世間一般的にはまだまだ知名度が低いと感じるところもあります。

　ただ，人生100年時代の到来，国の働き方改革が施行され，厚生労働省では企業へのキャリアコンサルタント導入を積極的に進めています。

　また，新型コロナウイルスにより，雇用環境の変化や働き方の多様化などが進み，個人のキャリア観の変化を受けて，キャリアコンサルタントの必要性は高まっていると感じます。

――キャリアコンサルタントの需要は高まっている。

　しかし，キャリアコンサルタントの業務内容を把握している人は，残念

ながら多くないとも感じています。

　「キャリア」といえば，昇進・昇給・昇格など，仕事をイメージされる方が多く，「キャリア相談」といえば，転職相談と思われている方が多いようです。

　実際には，もっと広義の意味で「キャリア」は人生そのもの。なので，プライベートなことや地域活動など，その範囲は幅広く，「キャリア相談」では，どんな相談をしてもよいのです。まずはここの誤解から解くことができればいいなと思っています。

――キャリアコンサルタントについてまだ理解が少ない。

　近い将来，「キャリアの分野におけるプロとして評価される職業＝キャリアコンサルタント」として，社会になくてはならない存在として確立させたいと思っています。

　そのためには，キャリアコンサルタントとしての実力を高めることはもちろん，キャリアコンサルタント自身の姿勢も，待ちの姿勢ではなく，ある程度攻めの姿勢になる必要もあると考えています。私は同業の仲間とともに，このマーケットを大きくして知名度向上に貢献したいです。知名度が上がり，活躍するキャリアコンサルタントが増加することにより，社会に貢献できる機会も増加すると思うからです。

――キャリアコンサルタントのマーケットを大きくしていく。

　特に，私が担当している企業領域での活動については，社内キャリア相談室（キャリア開発支援室）設置への期待の高まりを感じています。キャリア自律が求められる，これからの時代に，キャリアコンサルタントの存在は不可欠であり，未来は明るいと思っています。

Message

　この資格を取得してから，「キャリアコンサルタントでは食べていけない」という言葉を耳にすることが度々ありますが，決して，そんなことはないと思います。なぜならキャリアコンサルタントとして活躍されている先生方を数多く知っているからです。しかしながら，格差があることもまた事実だと思います。

　キャリアコンサルタントとして生計を立てている方を見ると，独立して活動されている人が多いと感じます。実際のお客様の声をみても，どこかの企業に所属していない，外部のキャリアコンサルタントだからこそ，お願いしたいというお問合せも増えていると感じます。

≪お客様の声≫
人事担当者によるキャリア面談では，どうしても社内評価が気になっていましたが，今回本音を話すことができました。（30代・女性）

セカンドキャリアについて悩んでいたが，社内ではプライドもあり，周囲に相談できずにいました。（50代・男性）

キャリアに対して漠然とした不安を感じていたが，外部の情報など教えていただき，現職で自分のやるべきことがみえた。（20代・男性）

FILE 2
経験を活かして転職サポート

仲村　賢（なかむら　けん）
公認心理師・キャリアコンサルタント。

自分自身の経験から転職サポートの仕事に

――なぜキャリアコンサルタントに？

　社会人になって，人間関係や仕事がうまくいかず，そのたびに転職を繰り返しました。そのストレスからか，うつ病も発症して転職活動も上手くいかなくなりました。

　そのような八方塞りだったときに，キャリアコンサルタントに出会いました。

　自分もこのような仕事がしたいと資格を取得しました。

――キャリアコンサルタント資格をとられたのですね。

　資格取得後に就職したのが，主に就職・転職の相談を求める方への支援を行う公的機関でした。

　私と同じ理由で転職を繰り返す方もいれば，もっと苦労している方もいました。一人ひとりの個性・培ってきた経験・持っている能力などを一生懸命に整理し，転職のツールにもなる職務経歴書をまとめていくと，大変感謝され，今までにないやりがいを感じました。

　今，転職系キャリアコンサルタントとして働くようになったのは，これまでの経験が活かせると考えたからです。その人の良さを見付けて，新たな人生の後押しをしたいです。

――良さを見つけて，新たな人生の後押し。

　働いていて，自分がどのような道のりを歩いて，どのように頑張り，挫折することを乗り越え，何を手にしてきたのかを振り返る機会はあまりありません。しかし，その振り返りがないために，自分が特に何も成し遂げて来なかった，無価値なのではと誤解しがちなのです。

　転職には，キャリアアップなど前向きな理由もあります。逆に，人間関

係や仕事が合わず，自信を失っている方も多いです。

　職務経歴書などのキャリアシートを通して，これまでの経験を一緒に振り返っていく作業は非常に新鮮でした。このスキルをキャリアコンサルタントとして深めていきたいと考えています。

転職系キャリアコンサルタントの4つの仕事

――どのような仕事をしていますか？

　あくまでも私が行っている転職系コンサルタントとしてというお話になりますが，仕事内容は大きく契約，情報整理，志望確認，活動支援の4つに分かれます。

---

❶　契約

　最初に「個人情報の登録（契約）」があります。ただ，個人情報を入手するだけではない段階です。

　どのような課題・問題があり，どのようなサポートが必要かを把握します。いわゆるインテーク面談（事前面談）です。

　キャリアコンサルティングをスムーズに実施するためにも，この段階は重要です。

❷　情報整理

　キャリアコンサルティングにおける「自己理解の支援」「職業経験の棚卸し」「希望のキャリアの確認」の段階です。

　支援に必要な情報を引き出すだけではなく，相談者本人も意識していなかったことを整理していきます。

　具体的に行うのは，以下になります。

・キャリアコンサルティングの説明
・職業経験・能力の棚卸し（自己理解支援）

・転職のきっかけ，大切にしたいことの整理（価値観の整理）
・転職先に求めることや，今後の目標の相談（仕事理解への支援，キャリアプランの整理）

　これらについて，1～3回面談する中で，履歴書・職務経歴書（キャリアシート）の作成支援をします。ここでの関わりにより，今後の支援の成否が大きく変わります。

❸　志望確認
　求人情報を見ながら具体的な相談をします。情報整理で確認した経験や能力，大切にしたいこと，転職先に求めることなどを踏まえて志望先を考えます。

　希望を全て叶えてくれる求人が常にあるわけではありません。「就職を決定したい時期」「求人情報を見たうえでの希望の上限」「求人情報確認」をします。

　最低条件の2つを考えてもらったうえで，転職活動の支援を行っていきます。

❹　活動支援
　相談者が考えたキャリアプランと志望する企業の中で想定されるキャリアプランとのマッチングを考えていきます。

　また，実際の面接の練習なども行います。面接に慣れてもらい，自由に相談者の考えを話し，面接官の考えを聴く，普段通りのコミュニケーションが少しでも取れるようにしていきます。

　転職後のギャップを緩和するため，希望する条件の交渉を軽く相談するなどの準備をすること，オフィスを見学させてもらうことなどをすすめていきます。

転職はモチベーション維持が大変

——転職支援でどのような点が大変ですか。

　大変な点は「相談者のモチベーション維持」と「市場環境」ですね。どちらもキャリアコンサルタントの側ではどうにもできないことが多いのです。

——モチベーション維持とは？

　転職活動は労力がかかります。企業研究・仕事理解などを念入りにしたのに，書類段階で不採用となった場合などは落ち込みます。でも，「年齢要件」「資格要件」「仕事経験の要件」などで弾かれることは多いのです。

　志望理由やキャリアプランなどを企業ごとに考えるので，大変な労力で，途中で挫折する方も多いのが実情です。

——モチベーションを管理するのですか？

　いいえ。あくまでもキャリアコンサルタントは，「伴走者」です。引っ張ることも背中を押すこともできません。できるだけ声を掛けてモチベーション維持をサポートするしかないのです。

——もう一つは市場環境。

　市場環境により大きく転職価値は変わります。リーマンショック後もそうでしたが，新型コロナウイルスの影響による経済低迷も，転職者に不利となるでしょう。とはいえ，市場環境に関係なく，転職に挑まなければいけない人はいます。

　「人生の岐路を支援している」という感覚で大変ではありますが可能な限りの支援をするようにしています。

　多くの人にとって，転職は想定外のことです。突然の異動事例（実質的な戦力外通告）や理不尽な人間関係で疲れて切っている人も多いです。寄

り添い，自信を取り戻してもらい，一つひとつ問題を整理していきます。
だから，内定が出たときは，相談者以上に嬉しいです。

🕐 **ある１日の過ごし方**

7：00	**起床** （朝，起きてから準備までが早いのでギリギリまで寝ています。）
8：30	**出勤** （電車の中ではインターネットでニュースを見ています。）
9：00	**仕事開始** （事前に予約が入っていない時には，来られた相談者の対応をします。）
10：00	**資料作成** （隙間時間には，求人情報の確認，予約の相談者の情報整理をします。）
11：00	**面談**（１人当たり30分〜１時間で面談をします。）
12：00	**昼食**（近くの中華屋で天津飯をよく頼んでいます。）
13：00	**面談** （新規登録をした相談者への施設の説明と相談を促していきます。 複数回目の相談者には前回の相談内容を踏まえて支援を行います。）
17：00	**面談** （１日に５〜７人ほどの相談者と面談をしていきます。）
17：30	**事務作業** （最後に相談者の相談内容を入力します。主訴・課題・今後の方針 など複数項目を入力します。相談が忙しくない時には，途中で入力 を行うこともあります。）
18：00	**業務終了** （業務が終了します。私はお酒が飲めないので，そのまま帰宅します。）
19：00	**帰宅**
21：00	**勉強会** （オンラインでの勉強会などに参加。時々，オンライン飲み会にも ジンジャーエールで参加し雑談を楽しんでいます。）

転職サポート面談

──具体的にはどのような面談をしますか。

　ここでは 6 回の相談で終了した方の実例をご紹介します。この例のAさんは，29歳の男性，浪人や留年などにより26歳にて 4 年制大学を卒業。小売業に就職。その後半年で退職しています。

初回

　退職した後であり，早く次を見つけたいとのことでした。この時には，Aさんがやりたいことも働くところに求めることも漠然としていました。

　Aさん本人も，転職を繰り返してしまうのではという不安があり，しっかりとした支援をして欲しいとのことでした。初回は，経歴を確認しながら信頼関係を作ることを心がけました。

2 回目

　より深く情報収集するため，今までの経験や26歳での大学卒業の理由を聞きました。安易に決めつけず，丁寧に聴いていきました。

　よく聴くと，浪人しながらもアルバイトで生活費を得て大学合格を目指したこと，短期留学で友人を作るなど行動力があることがわかりました。

　また，離職した企業は，半年以内に 3 人が退職し，Aさんだけの問題ではない可能性もわかりました。

3 回目

　2 回目で確認したことを履歴書・職務経歴書に落とし込む作業と，キャリアの方向性の整理を行いました。

　履歴書・職務経歴書は，ある程度のアドバイスをしながら相談者本人に作成してもらいます。

　面接などの際に自分が作った文章でなければ話せませんし，悩んで考えた文章だからこそ，質問に応答ができるからです。

　キャリアの方向性整理では，明確なものがない方が多いです。Aさんも同様だったので，それまでの面白かった経験や，どのような時に頑張ってきたのかを話し合い，考えていきました。

　整理できたことは，ものづくりに関して興味関心があること，社会貢献がしたいという漠然とした思いがあることでした。

４回目

　作成してきた履歴書・職務経歴書を確認しアドバイスします。また，キャリアの方向性確認と志望確認を進めていきました。

　ものづくりという漠然としたものから，インフラに関わるものづくりに対して営業職として働く方向性で決めました。

　営業職に対してはイメージしかなかったため，営業職の仕事内容について一緒に確認しました。

５回目

　応募した企業と新たに応募する企業を確認しながら，活動支援をします。各企業の志望理由，どのように働きたいか，その企業でどのようなキャリアを歩みたいか，なぜその企業が良いのか，活躍できると考えた理由などを整理します。また，各企業の選考内容も確認して，そこに合わせた対策も行っていきます。

　履歴書・職務経歴書を何度も作成し，応募企業を探して応募し，各対策をします。

　非常に忙しく，Aさんも幾度か挫けそうになりましたが，その度にキャリアの方向性を確認し，転職を成功させたときのイメージを話す

ことで意欲を維持してもらうようにしました。

6回目

　幾つかの企業の選考が進み，最終的な働き方をイメージするように支援を行います。ミスマッチを防ぐため，内定の際に確認すべきことも伝えました。

　この時期は不採用も多くなるので，上手くいっている点に意識を向け，気分を落とさないように配慮しました。

　6回目の面談を終えた段階で，最終的に志望先から内定を貰い，お礼に来てくれました。

相談者の人生は相談者が決めること

——普段はどのようなことに気を付けていますか？

　相談内容によっては，非常に悩んでしまう事例もあります。

　例えば，非常に本人の資質は高いにも関わらず，前職の上司と合わないことや会社の方針と合わないだけで自信をなくしてしまっている場合など，つい思い入れが強くなることがあります。「どうすれば相談者自身の資質を自覚してもらえるか」「入社が難しくても相談者に合っていそうな企業に進んで欲しい」などと考えてしまいますが，こちら側が相談者のことを考え続けることは，相談者にとってマイナスに働くこともあります。「相談者の人生は相談者が決めること！」仕事が終わった時には気持ちを切り替えるようにします。

　相談を繰り返していると，知らず知らずに疲れは溜まっています。休みの時には，本を読む，自然の中で運動をする，山などをドライブをするなどリラックスを心がけています。

—— 「相談者の人生は相談者が決める」と切り替えるのですね。

　はい。相談者の人生であり，本人が決めて行動しなければ転職は成功しません。

　転職の知識や様々な情報を知っていると，つい教師のように，失敗や間違いが起こる前に注意をしたくなる気持ちが出てくることもあります。ただ，これは，相談者の人生のハンドルを横から取り上げてしまう行為です。

　あくまでも転職というゴールに行くまでの間，助手席に乗って話を聞きながら目的にまでたどり着けるようにサポートすることが私の役目です。

　人生の分岐点である転職活動が本人にとって，ただ書類を作成したり，応募をして内定をもらったりの「作業」にならないように気にかけています。「しっかりと人生のハンドルを操作して，様々な選択肢から自分で道を選択し，運転している」という主体性を持ってもらいたいと考えています。

キャリアコンサルタント業界の将来

—— キャリアコンサルト業界は今後どうなると思いますか？

　今後，キャリアコンサルタントの需要はますます高まるでしょう。

　理由としては，社会の変化が激しくなり，雇用環境の変化が激しくなるからです。

　一般的には大学から卒業し，一旦の定年を迎えるまで40年。でも，40年前はPCも，スマートフォンもない時代でした。ICTどころか，ITという言葉もありませんでした。テレワークなど誰も考えもしなかったでしょう。

　じゃあ40年後はどうなるでしょう。

　このような，先を想像できない時代のキャリアプランを1人で考えるのは非常に難しいです。

　GAFA（Google，Apple，Facebook，Amazon）によって，仕事のスタ

イルが大きく変わっています。

　ある靴メーカーの方は，「店頭で靴を見た後にECサイトで購入されるお客様が半分を超していて，顔の見えない客とつき合う必要が出てきた」と仰っていました。店頭販売を頑張っていたころの感覚では空回りしてしまうそうです。

　社会が変わるということは，価値観が変わるということです。この社会変化を捉えて専門的な支援ができるキャリアコンサルタントは，今後はさらに重要性が増していくでしょう。

——雇用環境の変化とは？

　社会が変化すると同じように雇用環境も変化しています。正規雇用・非正規雇用・自営業など単純な分け方だけではありません。

　自営業というと20年以上前には，店舗を構えて仕事を行う方でしたが，20年前からインターネットの普及によりプログラマーなどの専門職も自営業として活躍できるようになりました。

　最近では，本業を持ちながら副業として自営業のような働き方をする人もいます。副業でやりがいを求め，本業では安定性だけで良いという方もいます。「本業×副業」「本業×ボランティア」などの働き方もあれば，「副業×副業×副業」もあります。キャリアプランを自ら設計しなくてはならない時代になったのです。それらを踏まえて支援できるキャリアコンサルタントの需要はますます高まると感じています。

——転職支援へのニーズも高まりそうですね。

　以前のような終身雇用ではなくなりました。転職支援業界は，ますます忙しくなるでしょう。人生100年時代には70歳以上の高年齢者も働き続けることが想定されます。そしてそのキャリア支援も必要です。

――高齢者のキャリア支援ですか？

　実は，私自身70歳以上の方の転職サポートは経験がないのですが。あと数十年後には，現在の「4 人に 1 人が高年齢者」という時代から，「2 人に 1 人が高年齢者」となりますから，高齢者のキャリア支援ができる準備しておくと引っ張りだこかもしれません。

　また，心の病気による休職・退職も大きな問題です。非常に優秀でありながら仕事に対する恐怖心（再び企業の中で働く怖さ）を持ち，復職や転職の悩みを抱える方は多いです。このような支援をするキャリアコンサルタントのニーズはますます高まるでしょう。

Message

　私は，公認心理師の資格も持っており，メンタルヘルス支援にも取り組んでいます。

　精神障害者手帳の取得者はこの10年間で150万人ほど増えており，現在，心の病気で通院している方は400万人を超えます。AIがどれだけ発達しても，心の病気は解明できません。

　AIが一時期，仕事を取って変わるなどの話題も出ましたが，AIはビッグデータがある情報の中でのマッチングが非常に優れているだけです。人間の想像力と創造力が必要です。

　働く人の課題が増える中で，キャリアコンサルタントはより知識・技術を身に付け，寄り添う姿勢を持たねばなりません。

　転職支援においてキャリアコンサルタントのニーズは高く，対応していくには常に研鑽が必要です。だからこそ，やりがいのある仕事だと思っています。

FILE 3
独立キャリアコンサルタント

疇地　仁裕（あぜち　よしひろ）

2007年よりカウンセリングルームBellesante（現疇地心理研究所）を開設，その後JBM付属心理科学総合学院の主任講師を努め，数百名のカウンセラーを輩出。現在はキャリアコンサルタントの育成や企業の従業員支援などに尽力している。著書に，『なぜそのカウンセリングはうまく行かないのか　効果的なカウンセリングを目指して』（Kindle版），『幸せな人生を送るにはコツがある！』（Kindle版）など。

丁寧な仕事がしたくて独立

——キャリアコンサルタントの資格をとったのはなぜ？

　もともと心理療法士としてカウンセリングルームを運営していました。また，福祉施設の専属カウンセラーもしていました。

　そのころ，ご縁があって，新設の心理カウンセラー養成校で教務部長・主任講師を務めることになりました。その養成校で，キャリアコンサルタント養成科が増設され，実技の講師もすることになりました。

——講師をされていたのですね。

　講師をすることになったものの，キャリアに関する資格は当時持っていませんでした。実務経験が10年以上あったこともあり，１級キャリアコンサルティング技能士（キャリアコンサルタントの上位資格，98頁参照）を取得する決意をしました。働きながらの勉強は大変でしたが，合格は，仕事の自信にもつながりました。

——その後，キャリアコンサルタントとして独立。

　ええ。合格すると，「疇地心理研究所」を運営していたこともあってか，さまざまな方面からお声がかかり，仕事が来るようになりました。一つひとつ丁寧に仕事をしていきたい思いがあり，養成校を辞め，フリーのキャリアコンサルタントとして動くことにしました。

独立後の仕事内容

——どのような仕事をされていますか？

　仕事内容は多岐にわたり，自由裁量で決めることができます。次のような仕事があります。

❶ 企業が申請する助成金に関するキャリアコンサルティング

社労士とタッグを組み，助成金申請に関するキャリアコンサルティングを行います。多い時は月に100件程の依頼を受けました。1日3～4件ずつこなしました。時には地方に出張することもあります。

❷ 行政機関の就労支援員向け研修

行政機関で就労支援をしていた実績を買われ，役所の就労支援員に向けたセミナーや実技指導などをしました。

❸ 企業の従業員支援

企業から依頼され，従業員との相談業務を行いました。また，組織活性化・リーダーシップ・モティベーションマネジメント・メンタルヘルス対策に関する研修をしました。

❹ 教育委員会において教員向け研修

教員に向けたメンタルヘルス対策・キャリア教育に関するセミナー・研修をしました。

❺ キャリアコンサルティング技能士（1級・2級）資格受験対策講座

キャリアコンサルティング技能士試験の対策講座の講師をしました。単なる「試験対策」ではなく，学科対策は実務に活かせる知識を，実技対策は実務に活かせる実力を付けてもらえるように心がけています。

❻ キャリアコンサルタント資格更新講習

キャリアコンサルタント資格を更新するには知識8時間，技能30時間の講習を受ける必要があります。そこで，厚生労働省から認定を受け，更新講習を行っています。

❼ 執筆活動

自らの著書（電子書籍版）を執筆したり，講義に使うテキストを作成したりしています。

フリーランスは全てが自己責任

——独立の大変なところは？

　独立すると大変なのが，全て自分でやらなければならないということです。自分の裁量で仕事をすることができますが，待っていても仕事は舞い込みません。自分で営業をかけなければいけません。

　また，見積もり，請求書発行，入金確認等から年末の確定申告等まで，経理も全て自分です。これらは意外に大変です。それだけでなく，自分が倒れたときなども大変です。脳出血で倒れたとき，保証もなく不安でした。

　会社員であれば社会保険，労災保険も使えますが，フリーランスは国民年金だし，年金も少ないのです。失業保険の失業給付を受けられるかどうかもわかりません。預貯金や保険関係などを充実させておかなければならないと痛感しました。

——まさに，体が資本ですね。他に大変なところは？

　裁量で仕事が出来ると言っても，際限なく仕事を入れては体を壊しかねません。家庭があれば休日はしっかり休んで家族サービスをしたほうがいいですし，独身でも休日をしっかり決めてオンとオフを分けるべきでしょう。

　また，フリーランスは，失敗が許されないというのもあります。単に許してもらえないということではなく，一つの失敗からつながるすべての出来事について，自分で責任を取らなくてはなりません。

　例えば，企業から従業員の相談業務を依頼されて，面談がうまく行かずクレームになれば，リピートや紹介などがなくなり，自分に跳ね返ってきます。仕事一つひとつに全力で当たって，結果を残し続けるという気持ちが必要なのです。

——結果を残し続けるのは大変ですね。

　だからこそ，表裏一体で「やりがい」も大きいと感じます。自分の力で様々な事をやり遂げる充実感です。依頼されたことやチャレンジしたことを達成した充実感は，誰にも頼れない代わりに大きいのです。

　仕事を一つひとつこなしていくうちに，自分のやり方・考え方のカラーが見えてきます。それによって，独自のブランド，自分ブランドを作っていきます。

　やりたいことが選べるのもメリットです。雇われているとどうしても会社の方針に従わなくてはならない場面があります。しかし，フリーランスは不本意な仕事を断ることもできます。

——まさにセルフブランディングですね。

　そうですね。また，仕事は一人でこなしますが，孤独ではありません。同じような志の仲間の縁がつながっていきます。

　信念を持って依頼をこなしていくうちに様々な分野で活躍している人たちとの関わりが増え，どんどん信頼できる仲間が増えていきます。

　仲間が増えてくると，一人では達成できない，より大きなことにチャレンジできるようにもなってきます。

　その他，稼いだお金を自分の采配で様々なことに割り振れるのもメリットです。どの位を給料とし，経費に当て，投資に回すかを自分で決めます。自分のスキルアップに投資しても，綺麗な事務所を構えるための費用として計上しても，給料を少し多くしてもよいのです。その自由さも魅力と言えるでしょう。

🕐 ある 1 日の過ごし方（地方のある団体から依頼された研修を行った日）

6：30	**起床** （朝は少し早めに起きて体調を整えながらメールチェックなど行います。）
7：30	**自宅出発** （今回の研修は地方出張のため，公共交通機関にて現地に向かう。特急列車に乗っている間，研修の内容を精査し，シミュレーションしておきます。）
11：30	**現地到着** （現地でコーディネートしてくれた方と合流，本日の研修の打ち合わせを兼ねて昼食を取ります。）
13：00	**研修開始** （依頼されていた研修を行います。研修は依頼された対象者に即した内容で，結果を残せる内容にします。研修後の質疑応答・個別相談なども受けます。）
15：00	**現地出発** （アンケート用紙などを受け取り，現地を出発します。帰りの列車の中でアンケート用紙を参考に研修の反省を行います。）
19：00	**帰宅** （帰宅後，依頼主にお礼と今後のご提案などをメール送信します。）

> 移動時間が多いのでその時間を有効活用できるように工夫します。使用するテキストや資料などは事前に作成し，メールにて添付，現地にて人数分ご用意していただきます。事前の打ち合わせの際に交通費や報酬のことなど細かく擦り合わせておきます。また，単発ではなくシリーズ化する場合もあるので，その準備も含めてしておく事が重要です。

ある面談の実例

──例えば，どのような面談をしますか。

　ある美容室でセルフキャリアドック制度導入に伴うジョブカードを使用したキャリアコンサルティングを行った事例です。面談時間は約60分，面談場所は美容室の一角で他の従業員はいませんでした。

【相談者】入社5年目の中堅社員，キャリアコンサルティングを受けるのは初回。

【相談内容】今まではやることが全て目新しく，必死で毎日を過ごして来たが，最近仕事にも慣れたせいか仕事に張りもなく何の変化も感じられない。これまでのような毎日を過ごせるようになりたいというものでした。

　しっかりと傾聴するとともに，相談者の心持ちを分析していくと，変化することに喜びを感じるタイプで，近視的な物の見方をするタイプのようだということがわかりました。そこで，その事柄のコンセンサスを取り，ミニサイクルを注視するのではなく，もう少し大きなスパンのサイクルを見れば必ず変化は起こっているということに気づいていただき，実際の日常を思い返してもらいました。

　そうすると，少しずつですが自分が変化していることがわかりました。今後の目標は？　と尋ねると，「これまでは短いスパンで小さな変化を常に求めていたけれど，これからは大きなスパンで大きな変化ができるように毎日を過ごすことです」と答えてくれたので，次回の面談でどのくらいの変化があったのかを報告してもらうということで合意し，面談を終えました。

オン・オフの分け方

──どうやって切り替えていますか。

　独立していると，オンとオフを分けるのはとても難しいです。でも，ここが長く独立して働けるか否かの分水嶺かもしれませんね。

　独立するタイプの方は，そもそも仕事が趣味で，放っておくといつまでも仕事をしているかもしれません。でも，それでは精神も体力も長続きしません。

　仕事をする場所を決めましょう。いつでもどこでも仕事ができるのは魅力的ですが疲弊します。「この場所で仕事をする。それ以外では仕事はしない」と決めてしまいましょう。

　別に，家の中でもいいのです。「リビングのこの一角で仕事をする」と決めれば，立つことで仕事を中断できます。必然的に休憩が取れます。

　もちろん，外に仕事をする場所を設定するほうがベターで，持ち帰らない限り，出れば必然的にオフになれます。

──仕事する場所を決めて，オン・オフを切り替えるのですね。

　また，自分で休日も決めてしまいましょう。毎週○曜日は休日と決めておけば，予定を立てる際に外して立てられます。営業時間も，○時から△時と決めましょう。営業時間以外は電話にも出ないようにします。そして，仕事場所と営業時間を決定したら，ホームページやSNSのページなどで周囲に知らせます。

　連絡も，緊急時を除いてはメールでお願いします。電話だといつどこにいても着信音やバイブが鳴り，拘束されるからです。メールなら，確認しない限りは受信していても見ずに済みます。

　自動応答メールなどを上手く設定し，余程の緊急時でなければ後程連絡するようにします。上手に仕事から離れられる時間が作れるようにコント

ロールすることはそれだけ大事です。

　オンは思いっきり仕事をし，オフは思いっきり休息する，このメリハリ
がつくようになれば仕事の効率も上がり，充実した独立系ライフを送るこ
とができるでしょう。

フリーランスの心得

―― どのようなことに気を付けて仕事をしていますか？

　キャリアコンサルタントだけでなく，すべてのフリーランスで言えるこ
とだと思いますが，まず，商品は自分であるということを意識することで
す。
　企業や相談者は，仕事ぶりやその結果を見て，その行動や考え方に共鳴
して依頼してくれるのです。だからこそ，自分はどのような人間で，どの
ような考え方をし，どのような行動をして結果を出して来たのかについて，
常に意識し，それを発信したりアピールしたりする必要があります。
　常に名刺を切らさず，名刺の裏などには，自分の行いや手がけたことな
どがわかるようにしておきましょう。また，ホームページや，SNS，
YouTubeなどで発信することも大切です。その上で，仕事の幅を広げて
いくことも重要です。

―― どうすれば仕事の幅が広がりますか？

　常にチャレンジすることです。「自分にはできそうもないかなぁ，やっ
たことがないなぁ」という躊躇する依頼もあります。そんなとき，果敢に
チャレンジするようにしています。
　経験値があるものや得意なことばかりでは，自分の殻は破れません。成
長できません。チャレンジで仕事の幅が広がるのです。自分をグレード
アップさせていきたいものです。

　「損して得とれ」という言葉があるように，損のように思えても，それが相手を大切にすることなのであれば積極的にするべきです。その中で信頼関係が築けるのです。私が脳出血から復帰できたのも，そんな関係の人達がいてくれたお陰です。

　一つひとつの仕事に全力で取り組んで結果を出せば，「この人に頼めば必ず結果を出してくれる。一生懸命応えようとしてくれる」と思ってもらえます。キャリアコンサルタントとして長くなりますが，それでも毎回必死になりながら，どうすれば結果が出せるのか，どうすれば依頼者のお役に立てるのかを試行錯誤しています。求められたことより多くを返すことで信頼を勝ち取れるのです。

——ほかに気をつけていることは？

　問い合わせをいただいた時，できるだけ早い返答をすることですね。時間をかけて調べなければいけなかったり，時間のかかる内容であったりすれば，「少しお時間を下さい」「いついつまでにさせていただきます」の回答を素早くしておくことがポイントです。営業時間外や休日であっても，営業時間外や休日である旨を自動返信で相手に伝えれば，何も返信がない場合に比べて安心して待ってもらえます。

——長く仕事できる秘訣は何でしょうか？

　前述のように，オンオフを分けることは重要です。もう一つあります。「損して得とれ」といいましたが，それはいつもではいけません。きちんと提供した価値に見合う報酬をいただくことも重要です。

　キャリアコンサルタントとして独立して「やったことをお金に変える」ことに引っ掛かる人がいます。「がめついと思われたらどうしよう」「何だか申し訳ない」というふうに考え，代金を請求できない，あるいは安価を提示してしまうなどがあります。物の売り買いではないので，そこは難しいのですが，「自分はプロなのだ」という自覚と自信を持って堂々と代金

を請求しましょう。

キャリアコンサルタントのこれから

——キャリアコンサルタントはこれからどうなりますか？

　キャリアコンサルタントというと，「転職支援」や「就職支援」が浮かびますが，「キャリア」の概念は，職業・職歴といった限定的なものから人生そのものという方向性に変化しています。それゆえ，さらに広い範囲での活躍が期待されてくるでしょう。相談内容も，職業のことに限定されず，メンタル面を含んでくるケースが多いと予想できます。

　また，キャリアが重視され，スクールカウンセラー同様，小学校から中学校，高等学校にキャリアコンサルタントを常駐させる動きもあります。これまで以上に広範囲の知識や技能が求められてくるでしょう。今から様々なことを学び，様々な技能を身に付けておく必要があります。

——これまで以上にメンタル面の知識や様々な技能が必要に。

　キャリアに関する専門家ではありますが，独立を成功させるカギは「さらなる専門性」です。他との差別化は必須です。

　名称独占であり業務独占の資格ではありませんが，資格を有していることが好ましいという募集や業務も増えています。これまでは，資格者を増やす政策が取られてきましたが，次は活躍する場を増やすという段階に入っています。

——キャリアコンサルタントの求人が増えている。

　求人状況を調べると，「国家資格キャリアコンサルタントを取得していることが望ましい」やその上位に位置づけられている「1級・2級キャリアコンサルティング技能士優遇」といった条件なども多く見受けられます。

　今後は資格の種類も重要になってくることと思われるので，更に上位資

格を目指していくことも必要になるかもしれません。つまり，どのレベルの資格を取得しているのかと合わせて，何ができるのかという専門性の両輪をバランス良く回していく必要があるのではないかと思われます。

Message

　企業の寿命が年々短くなっている現在，当たり前であった終身雇用ももはや崩壊しています。企業に就職したから安心と言う時代ではありません。年功序列も崩れ，長く勤めていれば給料が上がるわけではなくなりました。

　そうなると，自由の効かない企業に就職するという価値が薄れ，自律的で比較的自由の効くフリーランスを選択する人も増えるでしょう。

　それぞれは独立した専門家ではあるが，組織化するのではなく，チームとして結びついて活動する事が増えてくると思います。そうすれば，個人と言うスケール観から脱出できて，より大きな仕事もできます。不測の事態が起こった時にも互助的な作用も働きやすくなります。さらに，チームとチームが協力して更なるビジネスに取り組むことも予測されます。もしかするとユニオン（組合）のような物も構築されるかもしれません。

　これまでは不安定だとか保証がないと言われてきた独立ですが，今後のやり方次第でもっと魅力的なビジネス形態になっていくと考えています。

FILE 4
キャリアコンサルタントとCAを両立

村田　成未（むらた　なるみ）

欧州系航空会社CAをしながら，キャリアコンサルタントとしても活動。キャリアに悩むCAからの相談も絶えない。

学生時代の 2 つの目標を叶える

——ダブルワークをずっとされていると。

　早いもので，CAとキャリアコンサルタントのダブルワーク開始後10年が経ちました。

　「キャリアコンサルタント資格に挑戦したいけれど，活用方法がわからない」「資格を取っても本業で活かせない」「ダブルワークが許可されたけれど，始めるべきか」など，疑問や不安をお持ちの方へ，ヒントをお話しできたらと思います。

　元々は，CA専業でした。会社の休業制度を利用し，専門学校の講師をしているときにキャリアコンサルタント資格に出会い，取得しました。ダブルワークを始めたことで，計らずも学生時代の 2 つの目標を叶えられました。

——学生時代の 2 つの目標とは？

　新卒の就職活動は，バブル崩壊後の就職氷河期です。採用枠は激減し，地方出身者で文学部日本文学科だった私は大変苦労しました。なんとか一般企業に就職が決まりましたが，モヤモヤしていました。

　大学から「就活冊子を発行するので，後輩に向けて体験記を書いてほしい」と言われ，経験をまとめました。出来上がってきたその就活冊子を手にし，モヤモヤがすーっと晴れます。インクの香る自分の文章が，「やっぱりCAになりたい」「いつか自分の経験を，悩める就活生に直接役立てたい」と決意させてくれました。

　結局，既卒でJALに入社しました。

　CAになる目標と，自分の就職活動の経験を後輩に役立てたいという 2 つの目標が叶えられた今，「人生はおもしろい」と感じます。

——既卒でJALに入社，今はどのように働いていますか。

　今は，欧州系航空会社で働いています。念願であったCAのキャリアを
JALで始められたことは，私にとって幸運なことでした。日本人CAとし
ての在り方を学び，「気働き」の使い方を知ることができたからです。欧
州系航空会社のマイノリティ日本人CAとして，その経験がとても役立っ
ています。

——キャリアコンサルタントとしては？

　主に就活塾にて個人面談を，時々学校や企業でのキャリア講座や有資格
者キャリアコンサルタント更新講習の講師をしています。

キャリアコンサルタントになったきっかけ

——なぜキャリアコンサルタント資格を取得したのですか？

　念願叶ってCAとなり，結婚・出産後も，保育園の先生やベビーシッ
ターさんをはじめ，ママ友達や家族の協力もあって，フライトを続けてい
ました。ところがある日，夫が帰宅時間未定のプロジェクトに関わること
が決まりました。

　小学生の息子を夜中1人にさせるわけにはいかず，社内の許可制「多職
種（同業他社以外ならば正社員も可能）経験や大学院などで学ぶための転
職準備二年休暇」を活用することにしました。

　この休暇が，キャリアコンサルタント資格との出会いです。

—— 2年休暇中に取得されたのですね。

　休暇中は，専門学校の講師をしていました。この時，「いつか自分の経
験を，悩める就活生に直接役立てたい」という目標が再燃しました。また，
学生時代に家庭教師アルバイトや教育実習で得られた教える能力の引き出

58

しを開けることができたのは，大きな収穫でした。

　さらに，この専門学校時代にPC作業に慣れたことは非常に有益でした。当時のCAはITリテラシーを問われない状況にあったので。また，様変わりした就活知識もアップデートできました。

――新しい仕事で，色々な引き出しが開いたのですね。

　はい，ありがたいことです。引き出しの存在も忘れていましたし（笑）。同時に苦手だなと感じたのが，年に数回ある学生との個人面談です。

　学生に寄り添いたい応援したい気持ちは，熱く体の底から湧き出ているものの，圧倒的に面談スキルが足りませんでした。

　教えることに注力するあまり，学生本人に寄り添い自ら気づくことを促すよりも，特定の価値観へ誘導する面談をしていた気がします。担当していた学生には，本当に申し訳なく思います。

　CAという職業柄，「今この場所この時間という『限定』」に寄り添うことは慣れていますが，「過去が今を，今が未来を創るという『広大な時間と空間』」を意識しつつ「本人にやる気スイッチを見つけてもらう」ことは，まるで霞がかった薄暗い森で小さな灯を探すかのように感じられました。

——その力不足を認識して，勉強を始められた。

　自分の「WANT」と「CAN」を満たしモチベーションが上がったように，学生を照らしてあげることはできないものか。悶々と悩んでいたある日，職員室の一角で個人面談を行っていた同僚の先生が，複数のスイッチを差し出し学生に選ばせていることに気づき，体中に電流がはしりました。

　その先生はコーチングを学ばれ，キャリアコンサルタントにも精通された方。「村田さんにはキャリア系が合うんじゃないかな」とのアドバイスをいただき，すぐにCDA（キャリア・デベロップメント・アドバイザー）資格取得講座に申し込みました。

——キャリアコンサルタントを知って，すぐに申し込みしたのですね。

　担当している学生に今すぐ役立てたいと思ったからです。講座では様々なキャリア背景をもつ仲間と，資格取得にむけて勉強会を開催しました。仲間のお陰もあって，一次筆記と二次実技の両方に一発合格することができました。

資格取得で終わらせたくない

——合格後は？

　2年はあっという間でした。資格を活かし自分の能力を高めたいと考え，さらに休職休暇を取得し活動を続けることにしました。幸い，母校はじめ複数の大学でキャリア講座を担当し，キャリアコンサルタントとしての実践を積むことができました。

——経験を積んでから復職されたのですね。

　はい。長期休暇を許可してくれた会社に，助けてくれた周囲に，感謝しています。その後復職し，ダブルワーク歴10年です。キャリアコンサルタ

ントとしての活動が，CAとしての接客能力も高めてくれたように感じます。キャリアコンサルタントとしての経験を，どのようにお客様満足へ繋げ還元できるかを考え，日々乗務しています。

就活塾での仕事

——就活塾では，どのような仕事をしていますか。

　就活塾では，キャリアコンサルタントとして個人面談をしています。基本的に 1 人30分，対面またはWEBで行います。

　面談内容は複数人の担当講師が，毎回共有ファイルへ入力しますので，過去の流れや学生の性格をある程度把握してから，面談に臨みます。歪んだ思い込みに浸からないよう，事実（起きたこと，本人の言葉）にフォーカスするメモを作ることもあります。

　面談希望の学生が，事前に「自分史」や「志望動機」などを送ってくれた場合は，面談前に「仮添削」を行います。読み手の記憶に残りやすい個性がわかる構成を心がけ，面談時に学生本人へフィードバックするようにしています。就活でのアウトプットにとどまらず，面談中「自分が話した」ことが，新たな自己認知へつながることを目指しています。

■面談のステップ■

❶ 自分史を書いてもらう

　面談内容は，入塾時期により差がありますが，初回は自分史を書いてもらうことから始まります。どんな出来事を記憶しているのか，その時どのような感情が動いたか，その後似た経験はあるのか，大切にしているものは何かなどを，初回は一時間，じっくり言語化のお手伝いをします。

❷ 「自分と向き合う」ワーク

　次に「自分に向き合う」ワークをしてもらいます。学生が一人で書いた「自分の強みとその理由」「自己PR」「学生時代に頑張ったこと（通称ガクチカ）」などを，対面かWEBで話し合いながら改良していきます。ある程度の定型文が出来上がると，就活準備への安心感がうまれるようです。企業に提出する履歴書やエントリーシート（通称ES）の期限がせまっている場合には，これらワークと並行し添削する場合もあります。

❸ 面談

　面談内容は，「問題解決依頼」「悩みの傾聴」「書類添削」「面接練習」「業界研究」の主に5種類です。

　「何を問題と捉えているのか」の気づきがある場合は，問題解決に有効と思われる問いかけをしますし，「お祈りメール（企業が就活試験に落ちたことを知らせるメール）が続き，落ち込んでいます」という悩み相談では，ひたすら傾聴に徹することもあります。

　大学のレポートとは異なり，論理性だけではない「読みやすさ」が求められる就活書類。学生の個性と読みやすさが両立できる添削を，心がけています。

面接での想定質問と回答を準備することに満足するのではなく，一番大切なのは，相手との面接時間を楽しむことだ，と伝えています。内定はゴールではなく社会生活を楽しむスタートだからです。

就活初期の学生が志望する業界は，「聞いたことがある」「行ったことがある」「使ったことがある」企業が属する業界にとどまることが多いです。一人ひとり異なる「価値観・能力・経験」を活かせる企業や業界を広げるアドバイスもします。

学生がやりがい・パワーをくれる

——普段気を付けていることは？

普段から，就活生が志望する業界の最新情報にアンテナをはるため，社会情勢に注意しています。また，フライト後の時差調整が面談に影響を与えないよう体調管理に気をつけています。

——時差があるCAとのダブルワークは大変そうですね。

確かに大変なこともありますが，学生に「村田先生の〇〇という言葉で，自分の長所が一つ増えた」「〇〇というアドバイスで，それまで漠然としていた自己PRが，しっくりくるようになった」と言われると，特にやりがいを感じます。

本人がそれまで気づかなかった価値観や能力を一緒に見つけられた時の笑顔。面談を重ね自信に満ちあふれキラキラ輝く学生の瞳。彼らの成長を，心から嬉しく思いますし，パワーを貰っています。

また，「内定しました」の報告は本当に嬉しく，それまでの面談で見せた表情や添削した書類が，走馬灯のように目の前を駆け巡ります（笑）。

──学生と本気で向き合っているからですね。

　就活塾の一般的位置づけは，「学生本人が満足する就職先の内定をもらえること（目的）」だと思います。目的達成のみならず，「将来にわたり学生本人が自分一人でもキャリアプランを描けるようにすること（再現性）」が，所属する就活塾独自の目標です。ここに強く共感しているので，よりやりがいを感じています。

── 2 つの仕事の共通点は。

　キャリアコンサルタントもCAも，人をサポートする点でしょうか。サポートに求められる 2 種類の「個人としてのサポート」「集団における協調協同でのサポート」。両方共，満たされていることに感謝しています。

🕐 ある 1 日の過ごし方	
6：30	起床・ウォーキング
8：00	朝食・家事
11：00	今朝の経済ニュースを確認・昼食準備
12：00	昼食・就活塾へ
14：30	就活塾にて面談の用意（面談履歴の確認と仮添削）
15：00	面談開始
18：00	面談終了・PC作業
19：00	帰宅・夕食・家事
20：00	面談の気づきを振り返る（学生から質問された企業情報の確認・面談方法の考察）

21：00	次回のフライト準備（マニュアルやサービス改訂箇所確認・運航状況の確認・お客様リストから想定する事前準備・荷造り）
22：30	メールチェック・朝夕刊熟読・読書など
24：00	就寝

面談の実例

――具体的な面談はどのようなものでしょうか。

自己PR作成に悩む理系学生Aくん（以下，cl）と私（cc）の面談例です。

> cl：自己PRって難しいですよね。僕はずっと勉強しかしてなくて，ガクチカ（学生時代に頑張ったこと）もゼミのことを書くつもりなんで，エピソードがかぶるのもなあって思うんですよ。受験勉強もゼミの研究も，一人でやってきたから，「周囲と協力して」的なネタもないし。みんながよく書く自己PRって何ですか？
>
> cc：みんながよく書くエピソード。Aくんのゼミ，あとは部活やサークル・インターンシップ・アルバイト・留学・ボランティアが多いかな。
>
> cl：あ〜，全部ないや……
>
> cc：全部ないって素敵だと思うよ。Aくんは他のみんなと差別化がはかれるから。
>
> cl：え！　本当ですか？（上ずった声）
>
> cc：うん！　本当！（笑顔で断定的に）みんなが使わないエピソードを考えてみようか。例えば地域で活動したこととか，家族で何かしたこととか。

65

cl：地域……お祭りで神輿を担いだこと，くらいかなあ。家族……お盆の時期，うちに親戚が集まるんですね。同い年の従兄弟と小さい子達の世話係みたいな役回りで。正直，子供好きじゃないし面倒だったから，時間稼ぎで絵の得意な従兄弟と一緒に紙芝居を作ったんですよ。以外にウケて次の年にも「Aくん，またやって」って。それから毎年もっと笑いをとりたいなって工夫してます。

cc：すごい！　Aくん，いいね！（気持ちへのフォーカスが安定したので論理的な思考へ誘導）PDCAをまわせているし，従兄弟と一緒にっていうのも，立派な「周囲と協力」経験。（Aくんメモ帖を出す）

cl：PDCAで考えると，P＝面倒くさいけど世話しなきゃいけない→D＝紙芝居作る→C＝ウケた→A＝毎年工夫して，ですかね。

cc：流れはそれでOK。少し深掘りしていいかな。Pの前にAくんの気持ちと外的要因があったよね。子供は面倒だけどお世話しなきゃいけない。一度にたくさんの子供たちをお世話できて，ある程度の時間がつぶせて，絵の得意な従兄弟と二人で。そんな感じかな？

cl：そう，そうだったんです〜。あと従兄弟は僕より陰キャ（どちらかというと陰気なキャラクターの略語。学生は明朗快活の対義語として，また自分を定義づけして自虐的に使うことが多い）なんで，一対一でお絵かきとかはできるけど，一度に沢山の子を面倒みれなくて。で，僕ばっかり子供の世話してるってかんじでした。

cc：Aくんばっかり，か。大変だったね〜。紙芝居を選んだのは，絵の得意な従兄弟さんが才能を活かせて，Aくんの仕事量も減る，文字が読めない子供たちも理解できる，そんな感じかな？

cl：あと家にスケッチブックとかペンとかあって。それを見て思いついたのもあります。工作でもよかったんですけど，小さい子にハサミとか危ないかもって。

cc：なるほど。けがのリスクや他のアイディアも考えた上で，紙芝居
　　に決まったんだね。（Aくんメモをとる）従兄弟さんは何て言って
　　いたの？

cl：紙芝居やろうって言ったら，いいよって。多分従兄弟も僕ばっか
　　り子守していて，悪いなって思ってたんじゃないかな。

cc：従兄弟さん，Aくんの気持ちに気づいて悪いなって思っていたの
　　ね。紙芝居をやる決定に問題はなかった。それからどんな風に
　　作っていったの？

cl：内容を決めるのが大変でしたね。一番小さい子は幼稚園だし。時
　　間がつぶせて内容が面白くて幼稚園児もわかるものを考えました。
　　小さい子向けの紙芝居を図書館で見つけて，それをやるって方法
　　も考えたんですけど，それだと僕たちがやる意味ないし。それに
　　小学校高学年とかの大きい子たちが楽しめないかもって。結局，
　　半分クイズにしてA家のファミリーヒストリーにしました。

cc：A家のファミリーヒストリー。テレビ番組みたい（Aくん大笑い）。
　　登場人物がその場にいる！　楽しみが増える！

cl：そういう楽しさって，やってみてわかったことなんです。最初従
　　兄弟と話していて，僕たちは親戚の名前と顔が一致するけど，年
　　の離れた小さい子たちは，わかってないんじゃないかって。毎年
　　全員が集まれるわけじゃないし。あ，今わかりました！　これっ
　　て親戚のことを知ってもらいたいって思っていたからだ。

cc：知ってもらいたいAくんの気持ちも，紙芝居につながったのね。
　　作る時，そして実際にやってみて，他にどんなことに気がついた？

cl：作る時は僕が文章を考えて，それを従兄弟に絵にしてもらって。
　　一人ひとりの顔を思い浮かべて，好きな食べ物とか特徴がわかる
　　ものを，登場人物のキャラクターにしました。実際にやってみる
　　と，けっこう小学生からはツッコミとかあって。遠くで見ていた
　　本人が「実物はもっとハンサムだ！」って叫んで大笑いとか。子
　　供たち用の紙芝居なのに，周りの大人も興味持ってくれて。それ

で子供だけじゃなくて大人も楽しめるクイズを追加したり，工夫
しました。

cc：対象が大人にも広がった，だからそこに焦点を合わせた工夫もで
きたのね。紙芝居を通して，Aくんの問題解決力，アイディア，
観察力，人を楽しませたい，知ってもらいたい気持ち，改善への
探求心。そんなAくんらしさが良く出ていると思うよ。

cl：（ホッとした顔）自己PRって，何かで賞をとったとか，日本何位
とか，すごい実績がないとダメだと思っていました。

cc：自己PRって，Aくんが物事にどう向き合って感じ，気づき，実行
し改善した人だ，を知らせる「個性見える化」だと思うの。Aく
んと従兄弟さんはこれから社会人になっていくよね。代替わりで
これから世話係になる大きい子供達に，どんな風に引き継いでも
らいたいかな？

cl：どう引き継げそうか。絵が上手い子供だけじゃないから，絵を写
真に変えてもいいと思うし。引き継いでもらえるお手本みたいな
ものは，作ってきた自負はあります。参加者も変わるし，その
時々で状況に合わせてアレンジして長く続けてもらえたらいい
なって。あ，これで自己PR，大丈夫そうですね。

スケジュール管理

——予定管理が大変そうですが。

朝起きたら，1日の予定を携帯アラームで細かく設定します。

例えば11時アラームは今朝の経済ニュースを確認，13時アラームは就活
塾へ行く支度開始時間，などです。アラームが鳴ったら次のオンタスクへ
「気持ちも体も」動かすように，心がけています。

キャリアコンサルタント業務を時間軸で考えた場合，オンである面談や

講義の時間は決まっているため，オンオフの区別が明確です。特に面談準備は個人情報を取り扱うので，直前に就活塾内のみで行います。

　講義準備は，正直終わりがありません。自己満足ですが「先方の意図を見て聞いて感じられる講義ができそうだ」と確信するまで編集を重ねるので，時間がかかります。「ピピピピ」とアラームが鳴ったら，ノリにのってパワーポイントのアニメーションを作っているときでも，一旦終了し，次のタスクへ切り替えるるようにしています。

——疲れませんか。

　PCの電源を切っている間はオフモードになれます。就活塾でも自宅でも，PCの電源を入れると同時に，私も「キャリアコンサルタント・オンモード」なのだと思います。

　オフでもふっと「Bさんはあれからどうしているかな。化粧品会社はC社しかエントリーしていないと言っていたけれど，D社も彼女の就活軸に合っていそうだな。日用品メーカーのE社もよさそう。次回C社・D社・E社の特徴を伝えられるように，企業研究をしておこう」と思い企業ホームページを開くことがよくあります。学生が夢に出てくることも，一度や二度ではありません。

——今後オン・オフの分け方に課題はありますか？

　キャリアコンサルタント業もCA業も，職業柄時間と空間の制約があるため，オン・オフは分けやすいです。今後オンオフを場所で分けない在宅勤務やワーケーション（オンの仕事を避暑地などオフの場所で行う）が増える中，物理的にもオンオフの垣根が低い働き方を選択する方が主流になるのかもしれません。一方で特に小さなお子さんがいらして仕事部屋のないご自宅で働かれる場合は，オンオフの物理的精神的切り替え法が，課題だと考えます。

普段気をつけていること

――ダブルワークで気を付けていることは？

「それぞれの場所でプロの名に恥じない」ことです。

ダブルワークが許可されているとはいえ，フライト中は欧州系航空会社の「いち」日本人CAです。当然ですが会社規程は厳守し，友人限定のSNSでも制服写真を載せたことはありません。機内でキャリアコンサルタントの営業をしたこともありません（笑）。

――就活塾では。

就活塾では「相談しやすいけれどフィードバックが厳しい第二のお母さん」を目指し，面談をしています。大学生の子供を持つ立場は，面接官やご両親とも重なります。第三者の大人に接する機会の乏しい昨今，同年代が共有する基本的な価値観を伝えることも，役割だと考えています。以前学生に「村田先生は保健室の先生みたい」と言われた時にはニンマリしました。

――保健室の先生ですか。学生に愛されてますね。

ありがたいです。関係各所がWIN-WINである状態を維持するには，「感謝と責任を持ち，全力でプロの業務遂行」が必要だと考えます。その状態に身を置ける幸せを感じています。

――2か所でプロとして働く覚悟が必要ですね。

はい。ダブルワークをする条件として，仕事に対し一定のスキルがアウトプットできる状態になっているのが大前提だと考えています。

仕事の経験値が低いと複雑かつ多くのキャリアプランに対応するキャリアコンサルタント業務が務まらないからです。

　職能が一定値未満で暗黙知を知らずにダブルワークを始めると，「仕事ができないのにダブルワークをしている人」の烙印を押され，社内価値が下がります。これでは本末転倒です。

　例えば大手日系CAならパーサーになった後，一般企業でしたら部下ができた後，少なくとも入社３年以降のイメージでしょうか。

キャリアコンサルタント業界の将来のこと

——これからキャリアコンサルタントはどうなると思いますか？

　働き方改革が推奨され，コロナ禍での社会変化に対応を迫られる現在，多くの方が「今の仕事を続けられるのか」「転職したほうがよいのか」「自分らしく生きられる道はなんだろう」と悩まれているかもしれません。失業に至らなくとも，これまでの仕事内容がAIに代わり，経験や暗黙知の価値が下がっていく感覚は，漠然とした不安として私と同世代の皆さんは特に強く感じていらっしゃると思います。

　ダブルワーク従事者が増えることに加えて，これまで転職や転籍を考えたこともなかった方々にも，環境によるキャリアプランの方向修正にキャリアコンサルタントが求められるでしょう。

——キャリアコンサルタントの出番ですね。

　企業都合により転職や転籍を求められる方には，今後の企業探しや働き方のみならず，マインドセットも含め複数のキャリアプランが必要です。

　これら全てに関わるキャリアコンサルタント業界は，需要増により身近になり，分野別の専門化・細分化が進むと思います。

——キャリアコンサルタント業界内での専門化が進む。

　既に特化型の企業もあるようですが，例えば「新卒就活専門」のキャリアコンサルタントに代わり，「○○業界専門」「新卒留学生専門」などの看

板別が当たり前の社会になるのではと思います。

　一方で人材関係の許認可方法や新卒採用方法の変化がいっそう活発になれば，ITをはじめ他業界とのM＆Aや業務提携の風が，キャリアコンサルタント業界にも吹くでしょう。「○○会社所属」に代わり「○○会社と××会社の△△業務専属」という働き方も増えると予測しています。

　企業もしくは自治体への設置が義務である「必置義務資格」にキャリアコンサルタントが指定される日も，近い将来あるかもしれません。

ダブルワークは推奨され，増えていく

——ダブルワークは増えそうですね。

　増加の一途だと思います。経済回復に欠かせない法人税収，つまり企業利益増を考えたとき，国から企業へのダブルワーク推奨要請が強まると考えます。

　固定費の多くを占める人件費を削減したい，一人の生活を一社で支えられる賃金が払えない企業と，破産による負のスパイラルを避けたい国の落としどころは，ダブルワークにありそうだからです。

　これまで複業（副業）許可制だった企業は競合他社でなければ解禁するでしょうし，複業（副業）禁止の企業は，許可制になると予想します。一人分の給料を二社で支払うイメージです。あとは，労働時間・保険・年金・守秘義務などを含めた法整備が待たれますね。

——ダブルワークが増えればキャリアコンサルタントの出番も増えますね。

　心から願っています。私が申し上げるのはおこがましいのですが，ダブルワークの方にこそ，キャリアコンサルタント資格を活用していただけたらと思います。例えば，営業職でキャリアコンサルタント資格者は，部署異動を願う社員の面談を依頼されるでしょうし，在宅勤務のITエンジニアでキャリアコンサルタント資格者は，WEB面談を依頼されるかもしれ

ません。ダブルワークをすることでその業種独特の悩みや言語を理解し，クライアントに寄り添った面談を行いやすい利点があります。キャリアコンサルタント本人は専門性を高めることもできます。ダブルワークのキャリアコンサルタントは，可能性に満ちていると思います。

Message

　ダブルワークのキャリアコンサルタントは，パワーも時間も 2 倍必要ですが，そのやりがいは 2 倍以上。本稿を読んで，「何か始めてみたい」「キャリアコンサルタント資格を目指そうかな」「資格を活かしてみよう」そんな風に思っていただければ，望外の喜びです。

FILE 5
企業内で活かす

桑田　百合子（くわた　ゆりこ）

企業勤務。人事部門マネージャー。
高校卒業後，食品メーカーに就職。結婚，出産，専業主婦期間を経
て離婚，不動産営業とファストフード店でのアルバイトのダブル
ワーク，その後派遣会社に登録し，派遣社員として住宅機器メー
カーで働きながら，休日は，専門学校の入学ガイダンスと事務のダ
ブルワークを経験。その後，現在の会社で派遣社員からスタートし，
正社員として就職。現在は人事部門のマネージャー。

人事としてのスキルアップ

——キャリアコンサルタントになったきっかけは？

　私がキャリアコンサルタントの勉強を始めたのは，2012年11月のことです。資格をとろうとか，対人支援職につきたいとかそういう希望があったわけではなく，人事としてのスキルアップが目的でした。

　そのころ，会社は転換期を迎えていました。

　短時間勤務などの制度が拡充され，子育てをしながら働き続ける女性が増えてきたのです。「ワークライフバランス」という言葉が登場し，社員の価値観も多様化してきたことを肌で感じました。

　育児休業を取る人と，職場でフォローする人との間に感情の隔たりがあるのも人事として感じました。「なんとかしたい！　皆が目的に向かって進める会社にしたい！」とダイバーシティ推進活動をスタートさせました。とはいえ，周囲からの理解があまり得られず，予算もない苦難なスタートでした。

——人事として意欲的ですね。

　あるのは気持ちだけで，知識も何もありませんでした。

　「違いを受け容れる」「お互いさまの気持ちで」と言われても，具体的に何をすればいいのかわからず，あれこれ調べました。

　そのときに，ちょうど「キャリアカウンセラー養成講座」を目にし，人のキャリアに関わる以上，キャリア支援についての知識やスキルを身に着けたいと思いました。そしてすぐ講座の受講をスタートさせました。

企業内で働いている理由

——ずっと同じ会社に勤めて？

　いえ，現在キャリアコンサルタントを名乗っているものの，私のキャリアはまさに行き当たりばったりで，転々としています。

　高校卒業後，食品メーカーに就職しますが出産を機に退職。その後，離婚をして，必然性からアルバイトの掛け持ち，ダブルワークの派遣社員を経験したのち，現在の会社に派遣として入り正社員に採用されました。正社員までの道のりは長かったです。

　ライフもワークもまさに「紆余曲折」でした。

　家族や友人にも迷惑や心配をかけ，落ち込んだり悩んだりしました。ただ，キャリアコンサルタントの学びを通して，過去のどんな瞬間も今の自分を構成している大切な要素だという気づきがありました。

——人事は初めて？

　最初の食品メーカーの就職時にも人事には携わりましたが，賃金や社会保険，評価制度などがメインでした。採用や教育という部分とは無縁だったので，キャリアコンサルタントの学習内容はとても新鮮で楽しく感じました。

——キャリアコンサルタント資格をどう活かしていますか？

　資格を取得した後も，正社員として採用してくれた今の会社で働いています。もともと会社をよくしたく始めた勉強ですし，会社が好きです。中にいるからこそ見えてくる様々な課題があると思っています。

企業内キャリアコンサルタントの仕事内容

—— どのように社内で資格を活かされていますか？

　キャリアコンサルタント資格をお持ちの人事の方にも，専任，他の業務との兼任，キャリアコンサルタントと関連のない業務をしているなど様々です。

　企業の従業員のキャリア開発支援やワークライフバランスについての考え方によっても違うでしょう。

　専任だと，社員のキャリア相談にのったり，キャリア研修を企画，実施，必要がある場合は，守秘義務を順守しながら，人事部門へのフィードバックを実施し，社内の制度や施策につなげたりしていくのが主な役割でしょう。

　兼任だと，どちらをメインとするかはそれぞれあるとしても，親和性のある人事部門内の他の業務と兼任している人と，技術や営業などの管理部門以外の業務と兼任している人がいます。

　私は，人事部門で賃金や退職金，社会保険などの労務業務を担当する部署のマネージャーをしながら，社員のキャリア開発支援やダイバーシティ推進に携わっています。

——具体的にはどのような活動を？

　企業内のキャリアコンサルタントは，社員として組織や人事施策，制度などを俯瞰的に見つつ，従業員のキャリア開発を考えます。

　キャリア開発セミナーなどの従業員向けの研修会を企画，運営をしたり，講師を務めたりもします。研修会は事前課題と事後のフォローアップをすることで，その場で終わらないようにします。受講した従業員から，個別の相談を受けることもあります。

　キャリアカウンセリングルームなどを設置する会社もありますが，私の

勤務する会社では残念ながらそういった物理的な部屋や組織はありません。

　それらがあれば，会社のキャリア開発支援の本気度が従業員に伝わりますし，セルフキャリアドック制度も活用しやすいとは思いますが……。

—— どのような相談がありますか？

　「上司と上手くいかない」「今の仕事は自分にはもう簡単過ぎてしまってこのままでいいのかわからない」「ついつい自分がやってしまって後輩に仕事を振れない」など特有の相談です。時には，会社側に提言することもあります。会社業績にも従業員の幸せにもつなげられたら，と思っています。

社員と同じ目線でキャリアを考える

——相談を受ける上で意識していることは？

　社員には，社内だけでなく社外にも視野を広げてキャリアを考えることを促しています。もちろん，会社を辞めて欲しいと思っているのではなく，キャリア開発を会社に委ねるのは良くないと考えているだけです。

　日本型の雇用や人事異動の制度の中では，「自分には何ができるのだろか？」「将来どうなっていきたいか？」のビジョンが生まれません。社員と同じ目線，温度感でキャリアを考えることで，企業内にいるメリットを最大限に活かせると考えています。

——同じ目線，温度感ですね。

　キャリアコンサルタントの傾聴スキルは，部下や後輩との関わりで強い武器です。傾聴が，部下の自律的なキャリア開発を支援するスタートになると考えています。

🕐 ある 1 日の過ごし方

6：00

起床

　朝，雇用環境やワークライフバランス，ダイバーシティ，キャリアコンサルティングに関する情報収集をします。

　情報源はメールマガジン，これまで接点を持った方や会社からの情報提供，SNSなど様々です。この時間がとても重要で，気になることや思いついたアイデアはスマホでメモします。

9：00

仕事開始

　朝礼で社内の情報などを共有します。部下一人ひとりの表情や声の調子を意識するようにしています。最近では，在宅勤務メンバーと出社しているメンバーが混在している日がほとんどなので，オンライン＆リアルのハイブリッド朝礼のスタイルが定着しています。

13：00

面談

　1 対 1 で部下と面談する時間は，2 週間〜3 週間に 1 回程度できるようにスケジューリングしています。30分程度，仕事の進捗管理だけでなく，心と体の調子の変化，最近気になっていることなどを話します。それぞれがモヤっとしていることを，短期間で解決することにも繋がっています。

15：00

グループ面談

　ダイバーシティ推進活動の中で，グループ面談もしています。数年継続していますが，目標や組織への貢献などについて語り合うことにより，お互い刺激があります

17：00

資料作成

　キャリア開発支援で今年度新たに取り組みたい活動について資料を作成します。私のやり方としては，資料作成にはあまり時間をかけず，目的や効果が伝わることをポイントにお話しし，ある程度実現可能となった時点で，細部を決めます。

　早め＆適時に打診し，社内のコンセンサスをとることが，企業内で活動する上でのポイントです。

	退社
18：00	会社での仕事が終わると，19時頃から22時頃まで，民間の就活塾に出向き学生の就職活動支援をします。個別の面談，集団面接トレーニングやグループディスカッション対策など，1対1のキャリアコンサルティングだけでなく，集団向けの講義などもします。 　企業の中で社員のキャリア開発に携わったり，就職活動中の学生と向き合ったりすると，キャリアコンサルタントとしての力が試されていると感じます。スキル向上や知識習得に継続的に取り組むモチベーションにもつながっています。

面談の具体例

――具体的にどのような面談がありますか。

　「結婚して育児をしながらこの会社で働き続けられるのだろうか？」のような相談は多いです。どこの会社でも少なからずありそうです。

　担当社の女性は「縁あって入った会社だし，今は仕事も面白いし，仲間にも恵まれています。ただ，結婚して環境が変わり，家事や育児などをしながら今と同じように働けるイメージが湧かない」と，心配な表情で話を始めました。

　そう思うに至った背景や事情があったのかを問いかけたところ，彼女自身は営業部門で働いているのですが，育児をしながら働いている先輩いないため具体的なイメージが湧かないとのことでした。別部門には，管理職としてバリバリと両立する先輩もいるが，自分はあんなふうにはなれないし，プライベートも充実させながら，自然体で仕事をしていきたいとのことでした。

　ロールモデルの不在から来る不安や戸惑いについては，他の社員からもよく耳にする心配事でした。また，管理職で活躍している女性の

ようにはなれないし，なりたくないと言う声もありました。

　最初の面談の前半部分では，相談者のああでもないこうでもないモヤモヤとした掴みどころのない不安のような感情を言葉にしてもらう時間としました。

　後半部分は，せっかくなのでこれまでの仕事の成果や大変だったことなど思い出してもらいながら，キャリアの振り返りをしていきました。そうしているうちに，「あれ？！　私，結構頑張っていたのかな……」「先輩や仲間にも助けてもらいながらだったけど，ピンチを乗り越えたこともあったな……」など様々な経験が思い出され，これまで培ってきたスキルや知識などを見える化できました。

　1 時間程度の面談でしたが，最後には，今できていることを確認できたので，先のことを考えすぎるよりも，一日一日を着実に頑張っていこうと思うと，落ち着いた様子で部屋を出ていきました。

　こちらからは，会社の両立支援施策や公共の支援体制などについて情報提供し，初回の面談を終えました。

オフのキャリアコンサルトとして活動

——会社以外でもキャリアコンサルタントの活動をされている。

　平日の夜間には，民間就活塾での学生支援，休日にはキャリアコンサルタント実技試験対策での受講生フォローやロールプレイングトレーニング，逐語録の添削などを行っています。最近ではキャリアコンサルタント更新講習（技能講習）の講師も担当しています。

——休みなしですか？

　周囲からよく心配されますが，自分のライフスタイルに上手く馴染んでいると思っています。

もちろん，趣味の時間やのんびり過ごす日もあります。録画しておいた
ドラマやドキュメンタリー番組を観て過ごします。

オンオフを切り替えようと気負わないことで，気持ちが楽になると感じ
ます。プラネタリウムで星空を眺めている瞬間に，不思議なことにふっと
仕事のアイデアが思いつき，わくわくドキドキすることもあるのです。

答えは相談者の中にある

――普段気をつけていることは？

「相談者が抱える悩みや不安などの答えは，相談者自身の中にある」と
いうことです。

キャリアコンサルタントが先回りし，自分の経験からくる意見でアドバ
イスをしてしまうことは，相談者の自律的なキャリア開発を阻害するだけ
でなく，ミスリードに繋がる危険があります。対人支援職は，人の人生に
少なからず関わるので，無責任なことはできないという覚悟を持ち向き
合っています。

あと，好きなものに囲まれて穏やかに過ごしたいので，所有し過ぎない
ことも常日頃意識しています。部屋に物が溢れたり，普段の持ち物が増え
たりすると，窮屈になる気がします。できるだけスペースを空けておきま
す。物理的なスペースは心理的にも影響し，コンサルティングでも，ニュー
トラルでいられます。

キャリアコンサルタントの未来

――AI化で変わると思いますか？

キャリアコンサルタントも，AIを活用して補える部分はあります。

だからこそ，人にしかできないことを強化し，本当の意味で人に寄り添
えるようになる必要があります。

　新型コロナウイルスの影響で，多様な働き方や副業，兼業など人々の働く意識が変化しています。キャリアコンサルタントも，アンテナを張って柔軟に変化していかねばなりません。謙虚にそして愚直に学んでいく姿勢でしなやかに進化していきたいものです。

――企業内キャリアコンサルタントはどうなるでしょうか。

　ごく普通だった終身雇用が，むしろ珍しくなってきています。この変化に伴い，キャリアに対する不安や悩みに寄り添うだけでなく，一人ひとりが自身のキャリア開発について当事者意識をしっかりと持ち，与えられた仕事で自身の資産である能力をどのように発揮していくかを考えていけるよう支援します。

　傾聴スキルだけではなく，様々な情報提供や，組織活性化に向けた働きかけなど，発信力も求められるでしょう。介護や病気の治療などによる離職を減らしていける施策や柔軟な働き方などを企業に提案する役割もあります。

　そのほか，会社がリスクにさらされないために，近年法制化が進んできているハラスメント対策の知識も押さえておくことも重要です。

Message

　企業内キャリコンサルタントの使命は，企業をよりよくしていくための行動をすることだと考えています。

　社員として，キャリア開発支援者として，経営的な視点で俯瞰的に会社を見て，どうしていけばよいかを考え，発信，行動します。極めてシンプルですが，自分の軸をもって考えて行動していくことが重要です。

FILE 6
教育の現場から

杉町　宏（すぎまち　ひろし）
三重大学　特任准教授

日本初の大学キャリアセンターで働く

――キャリアコンサルタントになったきっかけは？

　きっかけはというと，シュロスバーグが言うところの「予期せぬ転機」によるものです。つまり，人事異動により突然，キャリアセンターの課長を命ぜられ，キャリアコンサルタントの資格どころか，知識も経験もなく就職支援の統括をすることになったのです。

　しかも，日本で初めての大学のキャリアセンターです。参考にするものがなく，一から組織体制の整備や支援業務やプログラムの構築をしていくしかありませんでした。

――日本初ですか。

　はい。それまで，大学の情報センターで，データ解析やシステム開発をしていました。元々，大学で電子工学を専攻し，回路設計のためにコンピュータ技術を習得していましたから。

　同じセンターでありながら，向き合うべきものがコンピュータから学生へと180度の転換です。全く専門外で，転職しようかと悩みました。

――コンピュータから学生，すごい振れ幅ですね。

　悩んでいた時，父親から，「人生には一度や二度そういうことはある。しかし，勉強でも仕事でも嫌々やるのではなく，楽しまないと本物にはなれん。何か面白いことは無いか探してみろ。」と言われ，一先ず１年間は就職支援の仕事の面白さを探すことにしました。

――専門外からのチャレンジですね。

　何とか学生の相談対応をしていました。ある日，就職活動がうまく行かない学生が来て，その辛い気持ちに寄り添いながら，こちらも粘り強く対

応しました。すると，「杉町さんのお蔭でようやく内定をもらうことができました」と報告に来てくれたのです。その時に，やりがいがわかりました。

　せっかく大学という教育機関に身を置いているのだから，学生の成長を支えたいと強く思うようになりました。

──それでキャリアコンサルタントの資格を取得したのですね。

　はい。しっかりと知識を習得して本質の理解をしたくなり，キャリアコンサルタントの資格取得を考えるようになりました。最も広範に学べ，体系的で難易度の高い資格に挑むことにし，課の会議で部下に対して「半年以内に取得する」と宣言しました。こうして，退路を断って勉強したことで，一発合格できました。

　カウンセリングの基礎を習得すると同時に，自分自身のキャリア形成や自己研鑽につながったのは，勉強してよかった点です。

大学教育とキャリアコンサルタント

──資格取得は仕事に直結しそうですね。

　キャリアコンサルタントは，いわゆる名称独占資格です。資格がない人が学生にキャリア支援をしても問題はありません。ただ，資格取得過程においてキャリア形成に関わる本質理解ができれば，教育系のあらゆる仕事に応用ができ，その質を高められます。

　キャリアセンターでは，つぎのような仕事を手がけました。

- 就職マッチング支援（カウンセリング，ガイダンス・セミナー・説明会などの開催）
- キャリア教育支援（キャリア教育プログラムの開発および開発コンサルタント，講師斡旋・担当）
- キャリア開発支援（各種スキル開発系プログラムの開発・運営，資格試験対策講座の開発・運営など）

──その後IT系学部の事務長に異動。

せっかく取得したのに，と思いましたが，想定外に異動先でも勉強が役立つことに気が付きました。

IT系学部は，カリキュラム改革を行う時期で，カリキュラムや教育プログラムの検討を行うには，キャリア形成の視点が不可欠だったからです。インターンシップ受入れ先企業・機関の開拓や，PBL型インターンシップの共同開発などの場面でも勉強と経験が役立ちました。

——キャリアコンサルタントの学びが役立つ場面は多い。

　キャリア形成支援に関する外部助成金の獲得などもありますね。キャリア形成支援についてテーマを設定し，公募審査により採択されると，文部科学省から予算が集中的に配分されます。文部科学省以外にも経済産業省や経済団体などが実施するものもあり，5年間で5件の公募に申請し，全て採択されました。

——助成金が下りるのにキャリア形成支援が条件なのですね。

　そのほか，つぎの場面で役立ちました。

・日本政府のODAによるベトナムでの高度IT人材育成に関する技術移転プロジェクト業務の受託（学部創設，研究・教育方法，就職支援，管理運営などの分野）
・理工系大学院生の長期海外インターンシップの開発・運営
・海外大学との連携教育制度の創設
・外国人留学生の高度IT技術者育成と日本企業への就職支援が連動したプロジェクトの推進

VUCAの時代

——これからのキャリアコンサルタントに必要なことは？

　今，VUCAの時代（V：Volatility（変動性）U：Uncertainty（不確実性）C：Complexity（複雑性）A：Ambiguity（曖昧性））と言われます。
　グローバルな雇用流動性のなかで，ダイバーシティを重要視した自立的キャリア形成ができる人材を育てていかなければなりません。その意味において，多くのキャリアコンサルタントがキャリアセンターのみならず，

教育現場の様々なセクションに配置され，その役割を発揮していくことが必要でしょう。

　一方で，キャリアコンサルタントは資格制度のなかで要件化された知識や力量のみならず，その専門性をそれぞれの業務に確実につなげて，時代や日本の社会にマッチした教育成果を向上させるために貢献しなければならないと考えています。

　教育現場におけるキャリアコンサルタントは，若者を育てるという大きなやりがいが持てると同時に，人の人生を左右しかねない点において，責任は極めて大きいです。つまり，覚悟と志が必要です。

──覚悟と志。

　若者が自立し生涯を通じて，その時々の社会情勢の変化に柔軟に対応し，自身のキャリアを築いていけるよう育て支えていく仕事です。

　明治時代に「武士道」を記した新渡戸稲造は「教育者の最大目的」という論説のなかで，現代にも通用するグローバル人材の育成方針に関する記述をしています。

　活ける社会に立ち万国に共通し得べく厳正にして自国自己及び自己の思想に恥じず，実際の人生に接して進み，世界人類に貢献する底の人物を造る事に在るなり。世才ある風の任意漂よい行く意味にあらずして，世界の大勢に応じ，なお個人性を失わず，而して世界の潮流に先だちて進むを以て教育の最大目的とせねばならぬ。

クライアントの自立した職業選択やキャリア形成を支援する

――普段気を付けていることは？

　キャリアコンサルタントは主にキャリアカウンセリングに関する知識・技能を有する資格であり，クライアントの自立した職業選択およびキャリア形成を支援する役割を果たさなければなりません。

　若者が生涯を通じて満足できるキャリア形成を築くことができるためには，このカウンセリングマインドが重要です。

　しかし教育現場では往々にして，クライアントに対する対応がコーチングや，コンサルティングに陥りがちです。

――悩ましいですね。

　キャリアコンサルタントを統括する管理職にあり，その指導性を確信を持って高めようと，スーパーバイザーの資格も取得しました。

――キャリアコンサルタントの指導者の資格も取得したのですね。

　取得過程では，「決してクライアントの考えを変えようとしてはならない」ということを学びました。人間は，変えられようとするとそれに対抗しようとする力が必ず働きます。クライアントがカウンセラーとの強い信頼関係を築き，対等の関係でダイナミックにコミュニケーションをとる過程において，クライアント自ら気づきを得て，自ら判断し，意思決定できるようにすべきです。

――ほかに気を付けていることは？

　正課教育の内容・プロセス，正課外の活動（サークル，セミナー，留学・研修など）の内容・効果，そして学生実態をよく知ることです。

　シュロスバーグの４Ｓ点検によるストラテジーの構築ですね。キャリア

カウンセリングやマッチング支援の現場以外で行われているクライアント
のキャリア形成上の成長を深く理解します。なぜなら，そうでなければ，
極めて一般的かつ画一的な支援しかできず，教育現場のなかで支援を行う
意味がなくなるからです。

──今は教えてもいらっしゃるのですね。

　今，教員という立場でキャリア教育科目を担当しています。キャリア教
育・キャリア支援という枠組みを超えて，学問上の成長と社会人としての
人格形成がシームレスに行われなければならないと考えています。

　これからの教育現場には，キャリア支援部署以外の教育関連部署にもキャリアコンサルタントが配置されるべきだと考えています。キャリア形成の視点を考慮した教育改革に貢献できるからです。

　一方で，キャリア支援部署におけるキャリアコンサルタントは，図書館のレファレンサーやアカデミックアドバイザーとしての学問上の成長を支援できる知識やカウンセリング力量を身に着けていく必要性が高まると考えています。

　極論すれば，大学職員は全員がキャリアコンサルタントの資格を取得することが望ましいです。そうすれば，キャリア形成に関わる体系的な知識とカウンセリング力量を身に着けていくことによって，教育現場の各場面で必要な学生対応が行え，教員と連携協働する，企画立案，管理運営ができます。

　私はこのことによって我が国の教育の質は各段に高まると考えています。

キャリアコンサルタント
になるには

1 そもそもキャリアコンサルタントって？

◆キャリアコンサルタントとは

　経済社会環境が急激に変化する中で，働く方が，自分の職業人生をどういうものにしたいのか，それを実現するためにはどうするか，また，現在の変化にどう対応すべきか，ということを自ら考えていかなくてはならない状況になってきています。

　そうした生涯を通じた職業の選択，職業生活の設計，能力の開発・向上を「キャリア」と呼び，そのキャリアに関する相談に応じ，サポートを行うことを「キャリアコンサルティング」といいます。

　つまり，働く方のキャリアに関するサポートを行う専門家が，「キャリアコンサルタント」です。

◆なぜ国家資格となったのか

　上記のように，キャリアコンサルタントの存在が重要になってきている状況を背景に，平成28年に国家資格化されました。

　国家資格化の経緯は，まず平成27年9月11日に「勤労青少年福祉法等の一部を改正する法律案」が衆議院本会議で可決・成立。これにより職業能力開発促進法の第8節に「キャリアコンサルタント」が新設され，キャリアコンサルタントに関する様々な改正が行われました。

　改正法の施行期日は平成27年10月1日でしたが，「キャリアコンサルタント」の登録制の創設（国家資格化）に関する部分などは平成28年4月1日に施行されました。

◆国家資格キャリアコンサルタントの特徴

「国家資格キャリアコンサルタント」の特徴は，次の3つにあります。

---

❶　**登録制度**

　国が指定した登録機関に登録が必要。またその登録機関への登録には一定の条件があります。

❷　**名称独占**

　「国家資格キャリアコンサルタント」として登録していない場合に「キャリアコンサルタント」を名乗ると罰則規定（罰金など）の対象となります。

❸　**更新制度**

　資格取得後5年間に厚生労働省指定の機関にて更新講習（知識講習8時間，技能講習30時間）を受講修了しないと資格の更新ができません。

　このように厳しい条件があります。「資格を取得して終わり」ではなく，**それ以降のキャリアコンサルタント自身の自己研鑽が必要**であり，それだけ今後の活動に国が大きく期待していることの表れであると捉えることができます。

2 キャリアコンサルタント資格を取る メリット

◆ 給料アップにつながる

　例えば企業内で人事担当として勤務している場合には，この資格取得により大きなキャリアアップの機会となります。企業が率先してキャリアコンサルタント資格取得を促すこともあります。実際に，キャリアコンサルタント資格を取得したことで給料アップにつながった人もいます。

◆ 多様な求人がある

　また，様々な「働き方」に対応できます。正社員としてフルタイム勤務で働くことも可能ですし，子供がまだ小さい場合や介護などとの両立に合わせてワークライフバランス等を考慮したいという場合は，週2～3日での勤務が可能な求人案件もあります。

　求人案内を見ていると，ここ最近では必要資格に「キャリアコンサルタント資格歓迎」や「キャリアコンサルタント資格必須」という記載を見かけるようになりました。このように，資格を活かして自分らしい働き方ができるところも魅力です。

◆ 人の役に立てる

　私がキャリアコンサルタントになるメリットだと思うのは，「人の役に立てる」が大きいです。他人の人生に関わり，普段友人や上司などでは対応できないような領域に対してキャリアコンサルタントとしての力を発揮

し，そして結果が出ると大きなやりがいを感じます。

◆年齢が歓迎される

　年齢を重ねるごとに自身の経験や知見の広がりを活かせる仕事です。
「人生100年時代」といわれている今，いくつになっても必要とされる存在
になりたいものです。
　年齢，人生経験が歓迎され，より信頼感や安心感を相手に与えることが
できる資格は珍しいのではないでしょうか。

◆他資格との組み合わせも活路になる

　他の資格との組み合わせも仕事の幅を広げる活路になります。
　例えば，以下が考えられます。

> **キャリアコンサルタント×ファイナンシャルプランナー**
> 　　→お金の面も含めてキャリアのコンサルティングが可能に。
> **キャリアコンサルタント×公認心理師・臨床心理士**
> 　　→メンタルの問題に関してより信頼感ある対応が可能に。

　もちろん，自身で取得するのではなく，連携するなどでもよいでしょう。
キャリアコンサルタントに必要とされる知識や技術は，どのような資格と
も関連するものとなり得，シナジー効果を生み出すのです。

3 キャリアコンサルト試験の概要

◆試験は年に3回実施

　平成31年度／令和元年度より年3回試験が行われています。キャリアコンサルタントの試験は2つの団体が実施し，試験問題も異なる部分があります。各団体の試験実施日時は，それぞれのサイトで確認できます。

> **キャリアコンサルティング協議会**
> https://www.career-shiken.org/about.html
> **日本キャリア開発協会**
> https://www.jcda-careerex.org/information/schedule.html

　学科試験と実技論述試験があり，2団体共に同日に1日間で行われます。午前中が「学科試験」，昼休憩をはさんで午後より「実技論述試験」です。
　なお，実施団体により「実技面接試験」の日が異なりますので，注意してください。

◆試験科目

　主にキャリア理論や労働法令，キャリアコンサルタントの実務，キャリアコンサルタントの倫理規程，メンタルヘルス等々，習得する知識はとても範囲が広いです。

❶ キャリアコンサルティングの社会的意義に関する科目
❷ キャリアコンサルティングを行うために必要な知識に関する科目
❸ キャリアコンサルティングを行うために必要な技能に関する科目
❹ キャリアコンサルタントの倫理と行動に関する科目

　試験を実施している2団体のサイトに過去問題が掲載されているので，一度ご覧ください。試験の中では実際の相談業務を想定した実技（15分間）を，相談者を相手に行う必要があるため，カウンセリング技法や関連知識の勉強も必要です。

◆受験費用

　学科試験が8,900円，実技試験が29,900円です。実技試験はなかなか高額ですが，何度も落ちる人が多いので，一発合格したいところです。

◆合格率

　学科試験の合格ラインは100点満点中70点以上です。実技試験では150点満点中90点以上が合格ですが，評価区分ごとにそれぞれ40％以上でなければなりません。評価区分は2団体で違います。

キャリアコンサルティング協議会
「態度」「展開」「自己評価」
日本キャリア開発協会
「主訴・問題の把握」「具体的展開」「傾聴」「振り返り」「将来展望」

4 受験資格は実務経験か養成講習

◆ 受験資格のルート

　下記の受験資格があれば，誰でも試験を受けられ，合格すればキャリアコンサルタントになれます。

❶ 労働者の職業の選択，職業生活設計または職業能力開発および向上のいずれかに関する相談に関し3年以上の経験を有する方
❷ 厚生労働大臣が認定する講習の課程を修了した方
❸ 技能検定キャリアコンサルティング職種の学科試験または実技試験に合格した方
❹ 平成28年3月までに実施されていたキャリア・コンサルタント能力評価試験の受験資格である養成講座を修了した方（平成28年4月から5年間有効）

◆ 実務経験

　受験資格の❶は，簡単にいうと実務経験が3年以上あれば受験できるということです。

　例えば，ハローワークなどで職業に関する相談業務を3年以上行っている場合や，学校などで就職活動に臨む学生に対する相談業務を3年以上行っている場合などです。これらの経験があれば受験資格があるということになります。

◆ 養成講習

　受験資格の❷は，❶の実務経験がないけれども受験したいという人向け
で，キャリアコンサルタントになるための養成講習を修了すると得られる
受験資格です。

　具体的には，厚生労働大臣指定の講習（現在は150時間以上）を修了す
ることにより，キャリアコンサルタント試験の受験資格を得ることができ
ます。例えば，週1回日曜日，朝10時～19時（昼休憩1時間）を14日間受
講することになります。そのため3～4か月間，毎週通学することになり
ます。養成講習は多くの資格試験スクールなどで開講していますが，通学
講座の他，通信（自宅でDVDを見て学習する）などを取り入れているケー
スが多いです。例えば，通信50時間，通学14日間の内訳で合計155時間と
いった具合です。平日や土日などに開催されることもあり，ご自身のライ
フスタイルに合った方法を選択しやすくなっています。

　養成講習の費用は，だいたい30万円前後となかなか高額な費用です。た
だ，要件を充たせば「教育訓練給付金制度（専門実践訓練）」を利用でき
るので，負担が少なくて済みます。

5 学科試験に合格するには

◆学科試験の形式

　問題は50問あり，解答方法は４択のマークシート方式です。50問中35問以上の正答で合格となります。点数で言うと100点満点中70点以上が合格です。試験時間は100分です。

　実際の学科試験では次のような問題が出題されます。

▓例題▓

　キャリアコンサルティングの終結にあたり，相談過程を総括するための項目に関する次の記述のうち，最も適切なものはどれか。

1　キャリアコンサルティングによる支援の過程とキャリアコンサルタントとしてどれくらい成長できたかの確認ができたか。

2　相談者の短所を明確に指摘することと，キャリアコンサルティングで思うように指導ができなかった点のフィードバックと評価ができたか。

3　お互いにキャリアコンサルティングの中で言えなかったことや伝えたいことの確認や，信頼関係と協働関係についての振返りやその解消の合意ができたか。

4　相談者が今後もずっとキャリアコンサルタントに助言し続けてもらいたいという気持ちを抱いたまま終結できたか。

※正解は 3

　この場合だと「最も適切なものはどれか」と問われているので，3を選択して解答用紙（マークシート）の該当数字を塗りつぶす，ということになります。これを50問，100分で解答していきます。

　問題文の問われ方としては，「適切なもの」「最も不適切なもの」「誤っているもの」「正しいもの」「正しいものの組み合わせ」などがあります。

　解答の際にしっかりと何を問われているかを確認しておく必要があります。緊張のせいで焦ってしまい，「適切なもの」と問われているのに「不適切なもの」を選んで解答してしまったというケースも多々あります。

　「あと1問正答だったら合格できたのに」という人も多く，落ち着いて解答する必要があります。

◆ 学科試験の内容と対策法

　学科試験の内容はキャリアコンサルタント試験のサイト上で公開されています。キャリアコンサルタント養成講習では何冊かのテキストがありますので，それを中心に勉強するとよいでしょう。

　キャリアコンサルト試験に合格するためには，テキストで知識をインプットし，問題集や過去問でトレーニングする必要があります。

　詳しい勉強方法については，私のYouTubeチャンネル『TSUDAチャンネル』でも解説しています。

　また，市販教材も増えてきましたので活用するとよいでしょう。

　学科試験はとにかく出題範囲が広いため，時間をかけて計画的に勉強する必要があります。また，年々問題が難化しています。より詳細に深く問われるものへと変化しています。

6 実技試験に合格するには

◆ 逐語記録が問題文にある

　論述試験は記述式です。問題文を読み，キャリアコンサルタントとしてどのように支援するかなどを自身で考え，数行にわたり文章化して書き上げる試験です。点数は50点満点です。基準点（所要点）があり，満点の4割以上の点数がないと「所要点未達」で不合格となります。試験時間は50分間です。試験は学科試験と同日に行われます。学科試験が午前中に行われ，そのあと昼休憩を挟んで論述試験が行われます。

　問題文は2団体で違いがありますが，共通しているところは「逐語記録」が問題文にあることです。この「逐語記録」というのは相談者とキャリアコンサルタントの対話を文字にしたものです。

　とても詳しく，まるで話しているように書かれています。例えば相談者が考えている場面などは「う～～ん……」というような非言語での様子まで伝わってくるかのような書き方がされています。
　実際にどのようなものなのか，逐語記録の例を見てみましょう。

【逐語記録】（例題）
相談者：佐藤 典子53歳，娘（25歳）と同居。高校卒業後，文具販売会社に8年間勤務して結婚，出産を機に退職。現在は特別養護老人ホームに勤務し7年目。
相談したいこと：離婚を機に介護ヘルパーの仕事を6年しているが，

体力的にきつくなってきて，この先ずっと続けて行く自信がなく，思い切って辞めたほうがいいかと悩んでいる。この先の生活もあるので，働いていかなければならないと思っているが，自分にあった仕事が見つかるかわからず，相談したい（以下，cc：キャリアコンサルタント，cl：相談者（クライエント））。

cc：はじめまして○○と申します。

cl：はじめまして佐藤と申しますよろしくお願いいたします。

cc：こちらこそよろしくお願いいたします。佐藤さん，ちょっと話し始める前に話しやすいように少し椅子を動かしてもよろしいでしょうか。

cl：はい。

cc：すいません，ちょっとだけ動かしますね。はいこんな感じで，何か近いなぁとか遠いとか違和感てないですか？

cl：はい大丈夫です。

cc：はいありがとうございます。じゃぁ今日ですねお話をさせていただく前にこちらのほうから 3 点ほどお伝えしたいことがありますので伝えていきますね。

cl：はい。

cc：まず 1 つ目なんですが私共キャリアコンサルタントには守秘義務がございまして，今日佐藤さんにお話ししていただくことが勝手に外部に出回るということが，絶対にありませんので安心してお話をしていただければと思います。

cl：ありがとうございます。

cc：次になんですが，今日は面談のお時間が60分頂戴しておりまして，ここに時計があるんですが，今大体○時○分ぐらいですかね。大体60分後くらいまでと思っておいていただければと思います。一緒に見えるようにこうしておきますね？（相談者と共有できる位置に時計を置きなおす）見えますか？

cl：大丈夫です。

cc：大体こんな感じでやっていきたいと思います。あと最後なんですけど今日は佐藤さん，この面談のお時間が終わる頃どんなお気持ちでお家に帰りたいなぁと思いますか？

cl：そうですねー，まあなんかすっきりして帰りたいなと思います。

cc：すっきりしたいという事ですね。はいわかりました。すっきりしていただけるように，私も頑張って色々とお話を聞かせていただこうと思うんですが，いろいろ質問させていただいてもよろしいですか？

cl：お願いします。

cc：ありがとうございます。で，もし面談の中でこれは言いたくないなぁとか，ちょっとこの話はしんどいなぁ，と言うことがありましたら遠慮なくすぐに教えてください。では今日はどのようなご相談でしょうか。

cl：えーっとですねー，あの今ですね，特養でヘルパーで働いているんですけれども。

cc：とくよう？

cl：特別養護老人ホームなんですけれど，今で7年目なんですけれども最近ちょっとしんどいなぁと思って。

cc：あーしんどいなぁと。

cl：なんかちょっと，このまま続けれるかなぁと思ってね。

cc：どうしようかなぁと思ってるんですね。

cl：まぁねー。で今私53歳なんですが，まだまだ先に生活があるし，かといって自分が何が合うかわからないし，どうしたらいいかなと思って相談にきました。

cc：ありがとうございます。ちょっと今佐藤さんがおっしゃったことをまとめさせていただくと，佐藤さんがヘルパーさんで今特養でえーと7年目でしたっけ？ お勤めされていると。最近なんだかちょっとしんどいなと思う。で辞めるにしても，今後の生活のこ

　　ともあるしやめるわけにもいかないかなと思う，そのような感じ
　　でよろしいでしょうか？

cl：はいそうですね。

cc：じゃあそのしんどいなぁ，と思われたきっかけですね，そこをも
　　う少し詳しく教えていただいていいですか？

cl：そうですね，まぁ7年目なんですけれどもね，もうわかんないま
　　ま頑張ってきたんですけど，ここ最近なんかね一夜勤とか連勤と
　　かそこまで意識してなかったんですけど，最近なんかちょっとし
　　んどいなぁと思って，朝起きてもなんか目覚めもしんどくて，こ
　　のままずっとしんどいまま仕事続けるのかなと思って，体力
　　ちょっと落ちてきたかなと思って，ちょっと自信がなくなってし
　　まったんですね。

cc：自信がなくなってしまったんですね。何かそのしんどいなと思わ
　　れたのはいつぐらいからそんな風になったんでしょうか。

cl：そうですね。意識しだしたのは最近ですね。一か月かそれぐらい
　　前なんですけれども。でねーやっぱり年々とこれからしんどくな
　　るのかなあと思って。でね夜勤があるから今お給料がいいんです
　　けどね。今はやっぱり介護なんですけど，私がこれから働くにし
　　ても何をしたらいいのかわからないし，まぁこのまま介護かなと
　　思ったりもするんですけどね。

cc：介護かなと思ったりもする。他に例えば介護でなくてもいいなと
　　いう気持ちもあるんでしょうか。

cl：うん，それがしんどくなければ。

cc：しんどくなければ。先程から佐藤さん，しんどいということを何
　　度かおっしゃってるんですが，そのしんどい，ということについ
　　て佐藤さんが思われていることを教えていただいてよろしいで
　　しょうか？

（続く）

逐語記録とはこのような文章です。2団体ともにこの逐語記録が問題文にあり，そこからキャリアコンサルタントとしてどのように働きかけるのかなどを問われ解答欄に自身の文字で記述する試験が論述試験です。

ただし，キャリアコンサルタント協議会の2020年度第15回論述試験では事例問題が出題されています。今後このスタイルがつづくかどうかは未定です。

JCDA（日本キャリア開発協会）はこれまでどおり逐語記録で出題されています。

◆ 面接試験の形式

面接試験は実際のキャリアコンサルティングを15分間行うものです。この15分間は初回面談の最初の15分間という設定です。通常キャリアコンサルティングは，1回約30分〜90分程度行います。そのため，試験は途中で終了します。一般的にはこの様子を「ロープレ」とか「ロールプレイ」と呼びます。そして，そのあとすぐに目の前にいる試験官2名からの質問に対して回答する，内容の振り返りが5分間行われます。これを「口頭試問」と言います。

面接試験は100点満点です。また，実技試験は論述と面接がセットになるため，論述試験の50点満点と合わせて合計150点満点となり，90点以上の得点で実技試験合格となります。

この実技試験，特に面接試験が苦手という人が多いです。これまで弊社の合格講座の無料相談会に参加した人は「ロールプレイが苦手です」「何を言えばいいかわからなくなります」「相談者の言っていることが覚えられません」「ロールプレイの途中で頭が真っ白になります」等々みなさん苦戦されている人が多いです。

論述試験と面接試験の合計90点以上で実技試験に合格です。すなわち，

論述試験で高い点数を獲得することが肝となります。

　他に面接試験の会場は全国の貸会議室などが使用されており，受験申請時に自身で会場を選択することができます。ただし，2日間設定されている試験日のうち，どちらの日程で受験するかは試験団体により指定されます。受験者が日時の指定をすることはできません。都市部の会場が多いので，ある程度大きな都市部などにお住まいの人は日帰りで受験することが可能ですが，地方にお住まいで開催会場まで遠い場合は宿泊が必要な場合もあります。

◆ 面接試験の流れ

　面接試験の当日の流れを見ていきましょう。試験の流れを知っておくと無用な緊張もしなくなりますので，合格に一歩近づけます。

集合時間に指定された場所（会議室等）に行く。

案内係の指示に従い，それぞれの試験会場へ誘導される（面接試験は1人の受験生に対して1部屋用意されていて，試験官2名，相談者役1名，そして受験生のこの4人で行われます。後にこの案内係の人が面接試験の相談者役の人となります）。

面接時間になるまでその部屋の前で待つ。その間にこれから始まる試験の注意事項や相談者の詳細が記載されたプリント（両面に印刷されている）を渡されるのでそれをよく読んでおく。

時間になると案内係の指示に従い，部屋の中に入り用意された椅子に着席する。

試験官から諸注意を受け，さきほどの案内係が相談者役となりその後すぐに面接試験スタート。

15分経過したら「終了」の合図があるため途中でも終わる。

すぐに5分程度の口頭試問，試験官からの質問が開始

口頭試問が終わると，退席となり，荷物を持って会場を出る

あとは約1か月後の合否発表を待ちます。

◆実技試験対策のポイント

　実技試験対策は，実際にやってみるのがベストです。対策講座を受講するか，厳しい場合はYouTubeなどの動画を見てイメージを膨らませましょう。手前味噌になりますが，ノウハウを凝縮した拙著『キャリアコンサルタント実技試験（論述・面接）にサクッと合格する本』（日本法令）もおすすめです。

7 上位資格キャリアコンサルティング技能士（1級，2級）とは

◆キャリアコンサルタントの上位級

　キャリアコンサルタントの上位級としての位置づけにキャリアコンサルティング技能士（1級，2級）があります。

　キャリアコンサルタントの試験は受験していなけど，キャリアコンサルティング技能士（1級，2級）を保有している場合は，「キャリアコンサルティング技能士合格証」のコピーを提出申請することでキャリアコンサルタントへ登録が可能となります。

　キャリアコンサルティング技能士試験はいきなり1級や2級のいわゆる「飛び級受験」が現在は可能です。

　また，あまり見られない事例ですがキャリアコンサルティング技能士1級，2級どちらか片方合格の組み合わせを行い，キャリアコンサルタントへ登録が可能です。

技能士1級実技試験合格×技能士2級学科試験合格
　→キャリアコンサルタント登録可能
技能士1級学科試験合格×技能士2級実技試験合格
　→キャリアコンサルタント登録可能

　他にキャリアコンサルティング技能士一部合格とキャリアコンサルタント一部合格の組み合わせでキャリアコンサルタントへの登録が可能です。

> 技能士（1級または2級）実技試験合格×キャリアコンサルタント学科試験合格→キャリアコンサルタント登録可能
> 技能士（1級または2級）学科試験合格×キャリアコンサルタント実技試験合格→キャリアコンサルタント登録可能

◆キャリアコンサルティング技能士に合格すると講習免除対象に

　キャリアコンサルタントに登録したあと資格を継続させるために5年毎の更新が必要でその際に合計38時間の講習を受講し，修了証の発行が要件となります。このとき，キャリアコンサルタントに登録したあとにキャリアコンサルティング技能士に合格すると免除対象となります。

> **キャリアコンサルティング技能士2級に合格すると**
> 　→キャリアコンサルタント更新講習，知識講習と技能講習が5年間免除（それ以降は5年毎に必要）
> **キャリアコンサルティング技能士1級に合格すると**
> 　→キャリアコンサルタント更新講習，知識講習が5年間免除（それ以降は5年毎に必要），技能講習については常に免除

　国家資格キャリアコンサルタントに合格した人は次のチャレンジとしてキャリアコンサルティング技能士1級や2級へのチャレンジをおすすめします。

　その際に気をつけて欲しいことが1点あります。それはこの免除対象はキャリアコンサルタント登録後にキャリアコンサルティング技能士合格という順序があることです。この順番は今後の更新講習の受講の有無に大きくかかわってくるため注意が必要です。

稼げるキャリア コンサルタント になるには

1 まずは，自分の軸を確かめよう

- -

◆価値観

次に自身が大切にしている価値観を明確にしていきましょう。

■あなたが大切にしている価値観■

興味のあるものに○をつけてください				
収入	自由	社会貢献	変化	将来性
(　　　)	(　　　)	(　　　)	(　　　)	(　　　)
安定性	進歩・成長	趣味	人的交流	海外・世界
(　　　)	(　　　)	(　　　)	(　　　)	(　　　)
家族・家庭	人の役に立つ	休日	自律自由裁量	チャレンジ
(　　　)	(　　　)	(　　　)	(　　　)	(　　　)
やりがい	評価	能力を活かす	リーダーシップ	創造的
(　　　)	(　　　)	(　　　)	(　　　)	(　　　)
時間的余裕	楽しい	独自性・個性	人を育てる	専門性
(　　　)	(　　　)	(　　　)	(　　　)	(　　　)
単独自立	福祉	文化	地位・名誉	遊び
(　　　)	(　　　)	(　　　)	(　　　)	(　　　)

やり方は，まず10個を選び，10選んだ中から7選び，7選んだ中から5選び，5選んだ中から3選びます。

　この最後に残った３つはあなたの大切な「価値観」です。これがなくなると「しんどい，つらい」になりやすいようです。

◆価値観と仕事のスタンス

　私も久しぶりにやってみたところ，「将来性」「楽しい」「時間的余裕」の３つが最終的に残りました。

　「将来性」は，キャリアコンサルタントという新しい仕事について希望を感じ，いろいろなことに取り組んでいます。

　「楽しい」は，実際に相談業務等を通じて「やっててよかったなあ」と思う部分が多いです。

　「時間的余裕」は仕事を自分でスケジューリングできるので好きなときにネイルサロンへ行ったり買い物に行ったりできています。

　確かにどれか一つ欠けるとやる気がなくなってしまいそうです。これは自己理解を深めるための「価値観（大切にしているもの）」を明確にするツールです。みなさまはいかがでしょうか。簡単なテストなのでぜひやってみてください。

2 専門分野を明確にしよう

◆専門性を高める

　キャリアコンサルタントについて私がここ最近感じていることがあります。それは「専門分野を明確にする」重要性です。キャリアコンサルタントはさまざまなフィールドで活躍していますが，成功する，稼いでいるキャリアコンサルタントの共通点は，明確な専門性があるところです。

　逆に言うと，「何でもできます」「何でもきいてください」という方にはあまり相談をする気になれないのかもしれません。

■キャリアコンサルタントの専門領域■

企業領域	各企業内で活躍するキャリアコンサルタントです。人事がキャリアコンサルタント資格を取得して活動している場合も多いです。
教育領域	小学校から大学まで幅広く教育にかかわるキャリアコンサルタントです。大学ならキャリアセンターでの活躍が有名ですね。これからは小学校から高校までこちらもキャリアコンサルタントがキャリア教育を行う場として広がりを見せそうです。

需給調整領域	こちらはおなじみのハローワーク，地域サポートステーション等，また民間の人材派遣や人材紹介などの無料職業紹介事業，有料職業紹介事業などで主に職業とのマッチングを行います。そのため結果が重要視されることが多い業務内容になります。
独立系	セミナー，研修の講師や各企業内での外部キャリアコンサルタント等自身を売り込んで仕事を請け負っています。

◆ ターゲットを絞る

　これら以外にも中高年専門，若年層専門，女性（マザーズ）専門，セカンドキャリア専門等々ご自身がかかわりたい年代に合わせてということも一つだと思います。

　例えば「私は出産，子育てですごくいろいろ考えて今があるからこれらを生かしてママさんを応援したい」とか「定年退職後に独立した経験を生かしてこれからそうしたいと思っている人たちのサポートをしたい」などです。一度考えてみてはいかがでしょうか。

3 自分をブランディングしていこう

◆専門性と適合するブランディング

ブランディングにあたっては，まずは自分の専門分野を明確にすることからはじまります。

そのうえで，適合するブランディング手法を選びます。

私は，キャリアコンサルタント受験生向けの講座を開講していたので，ブランディングとして出版することを考えました。

「本なんて一般人が一体どうやって出すのか」と思いましたが，ネットの情報を頼りに書籍企画書を作成し，各出版社に郵送しました。

すると，数社よりお返事を頂戴し一度会って話してみませんかとお声がけいただくことができました。

編集者と検討を重ね，中央経済社から『キャリアコンサルタントになりたいと思ったらはじめに読む本』を上梓しました。

4 他士業との連携を深めよう

◆社会保険労務士や心理専門家とつながっておく

　キャリアコンサルタントとして活動していると，他士業や他専門職とかかわる場面が出てきます。

　キャリアコンサルタントだけでは対応できないような案件の場合は，公認心理師，臨床心理士，社会保険労務士などと連携することになります。

　弊社では厚生労働大臣指定機関として国家資格キャリアコンサルタントの更新講習を行っていますが，その講習内容を考えるときに各専門家に相談します。例えば労働関連の内容を盛り込むのであれば社会保険労務士の方，メンタル面の内容であれば公認心理師や臨床心理士の方々などにお知恵を拝借して講習を考えます。

5 発信力を磨こう

◆YouTube

　私がキャリアコンサルタントとして活動するときに最初に考えたことは自分に何ができるかということと，自分をどうやってみなさんに知ってもらおうかということです。

　私は講師経験があったので，それを活かして動画を使ってキャリアコンサルタント受験のことを発信しました。YouTube配信を行っています。1回の時間は5分から15分程度でスキマ時間を利用して電車の中でもスマホ片手に手軽に見ていただけるよう配慮しています。

　無料でなるべく有益な情報を受験生のみなさまに向けて発信しているとサイトを訪れ受講のお問い合わせをいただくこともあります。

◆SNS

　SNSも最初は有効と感じます。アメブロ，Facebook，Twitter，インスタグラム等々いろいろとあります。こういったものに自分の活動や得意なことを発信することで，サイトに訪問してもらい，お問い合わせをもらえます。

◆メルマガ

　メール講座も開講しました。定期的にメールを配信します。最初登録してもらったらステップメールで5日「傾聴」の基本的な内容について配信します。そこからもお問い合わせを頂戴します。

6 最新の情報収集を怠らない

◆ インプットが大事

キャリアコンサルタントは常に「自己研鑽」が必要です。インプットとアウトプットを繰り返し行うことが自身の成長へとつながります。

ここではインプットについて見ていきましょう。

主に厚生労働省のサイト等を日頃より見ておくことをおすすめします。例えば，以下に対する具体的な内容を示したものがあります。

・若年層への支援
・女性の社会進出
・中高年キャリアチェンジ支援
・治療と職業生活の両立支援
・就職氷河期世代の労働者への支援

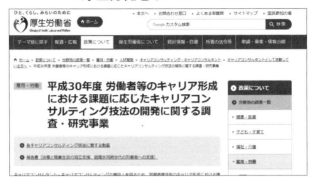

■**厚生労働省ホームページ**■

※平成30年度 労働者等のキャリア形成における課題に応じたキャリアコンサル
ティング技法の開発に関する調査・研究事業
https://www.mhlw.go.jp/stf/seisakunitsuite/bunya/koyou_roudou/
jinzaikaihatsu/career_consulting_gihou_00004.html

◆技法やツールがPDFで入手できる

　例えば，治療と職業生活の両立支援については，以下のようなものを
PDFで入手できます。

> 両立支援ナビシート／４Sヒアリングシート／両立支援モニタリング
> シート／不安ごと見える化マップ／職場における配慮のためのヒアリ
> ングシート／相談シート

　他にもたくさんの対象に対する技法やツールが入手できます。
　弊社のキャリアコンサルタント更新講習（技能講習）内でも紹介してい
るツールもあります。これらを活用することで視覚的にも明確化がすすみ
面談に良い影響が出る場合が多いです。
　毎年公表されますので，ぜひしっかり勉強するようにしましょう。

7 学びを実践する

◆ ツールを使ったアウトプットの練習

　キャリアコンサルタントは5年ごとに更新が必要な資格で厚生労働大臣指定機関が行っている講習を受講します。こちらを活用しながらスキルアップを目指していきます。さまざまな勉強を行うことで相談者の役に立てるよう自己研鑽を重ねます。

　ただ，技法・ツール等は，使いこなす，アウトプットの練習をすることが必要です。

　基本的にキャリアコンサルティングは言葉を使って話し相談者と対話を行います。もちろんこれだけでも相談者が「話を聴いてもらえてスッキリした」と満足してもらえますが，ツールはとても効果的です。

　では，ツールを活用した逐語記録を見てみましょう。

cc：はい，よろしくお願いします。じゃあ田中さん，えっとこの間ありがとうございました。今日ちょっとね，あのーこういうツールを使ってやっていきたいなぁと思いますので以前いただいていた情報でこういうふうに並べてみました。今えーっと田中さんが35歳でご主人が37歳，えーっとお子さんが2歳ということですよね。はい，えーとねえ将来的な話を今からしようかなと思っていますので，こういうふうにちょっと今並べてみたんですけどね，これ見て今どんなお気持ちですか

私のキャリアと子供の成長
～今できる夢＆準備する事～

自分の年齢	<子供の成長をイメージしてみましょう>	私のキャリアについて書き込んでみましょう <今できる夢、準備する事>

（※ 上記は「第一子」「第二子」「パートナー」の年齢欄を含むワークシート）

パートナー：25／30／35／40／45／50／55／60／65

第一子：0 誕生／1／2／3／4 年少／5 年中／6 年長／7 小1／8 小2／9 小3／10 小4／11 小5／12 小6／13 中1／14 中2／15 中3／16 高1／17 高2／18 高3／19／20／21／22

第二子：0 誕生／1／2／3／4 年少／5 年中／6 年長／7 小1／8 小2／9 小3／10 小4／11 小5／12 小6／13 中1／14 中2／15 中3／16 高1／17 高2／18 高3／19／20／21／22

自分の年齢：20歳／25歳／30歳／35歳／40歳／45歳／50歳／55歳／60歳

※平成29年度 労働者等のキャリア形成における課題に応じたキャリアコンサルティング技法の開発に関する調査・研究事業より

https://www.mhlw.go.jp/stf/seisakunitsuite/bunya/koyou_roudou/jinzaikaihatsu/career_consulting_gihou.html

cl：（目の前に並べられた紙のツールをじっと見たあとに）えっとですね，夫が役職定年で収入がぐんと減るときに，減るってきいてるんで。まだ20歳ですよね。

cc：あ，お子さんがね。

cl：はい，ということは，私がもうちょっと頑張って働いて収入をアップしておかないといけないなあと思いましたね。

cc：なるほど収入，ちょっとそう書いときましょうか横にね（紙の

ツールに書き込む）箇条書きでいいので「私が収入アップ」とか
ね，メモしときましょう。

cl：（書き込んだあとに）オタオタしててはいけない。

cc：ああ，オタオタしててはいけない，なるほどですね。他は何か感
じたことがありますか。

cl：それでですねぇ……。もうひとりって思ったら大変かなって思う
んですけど，やっぱりひとりっこよりも兄弟がいた方がいいなと
思いました。

cc：あー，ご兄弟ね

cl：まあこれはいつなんてわからないけどぉ。そうですよね。ちょっと
およそでいつぐらいかなって（紙のツールにもうひとりのお子さん
が生まれたときを足しこむ）まあ，3つ違いとか4つ違いとかだっ
たらいいなあと思うんですが，でももうちょっとダメかなあ

cc：まあご希望ということで。

cl：もしも。

cc：例えば37歳のときに……

cl：3つ違いにしようかな，理想なんですけど。

cc：37歳のときにお2人目がと。

cl：そうなれると嬉しい。だけどそう考えたらまた育休ですよね。

cc：ああ，そうなりますね。と考えていくとどうなりますかね。

cl：って考えると……大変だぁ……えっと37歳としたらまた2年後
くらいには産休？

cc：そうですね。産前産後休業に入るということですね。

cl：ですよねー。みんなやっぱりこれで挫折するのかなあ，そんなこ
とはないのかなあ。

cc：今他の方のことがよぎってきたんですね。これで挫折するのかな
あって。

cl：はい。

cc：それって挫折なんですかね？

cl：んーそうですねぇ，選択ではあるけれど会社が一応ちゃんと産休・育休っていうのをスムーズにとれるようにしてくれてるのは長く働けるようにしてくれてるので途中で辞めると挫折かなって思います。私は。

cc：途中で辞めるのが田中さんの中では挫折かなって。田中さんの中でやっぱり挫折したくないですか？

cl：うーん，くやしいですけどでも仕方ないのかなあって思うし……。なんかわからないです。

cc：あの，さきほどおっしゃってたのがご主人が役職定年のときに。

cl：そうなんですよねー。

cc：上の子が20歳とおっしゃってて，収入アップとおっしゃってましたね。

cl：はい，ちょっとこのへんで頑張らないと（表を指しながら）いけないよねって思いました。

cc：って思ったんですね。

cl：しっかり復帰して，ははは……。どう考えればいいんでしょう。

cc：ねえ，となってくると今の状況って永遠に続くわけではないですよね。

cl：まあ，子どもは成長するので。

cc：ねえ。

cl：はい。

cc：じゃあ，ちょっと想像してみてくださいね。今から５年後ってどうなってますか。

cl：そっか５年後だったら（表を指しながら）下の子がいなかったとしたら？

cc：どちらでも大丈夫です。

cl：５年後は小学１年生と幼稚園ですよね。あ，保育園。

cc：上のお姉ちゃんが小学校１年生と保育園，となると状況的には今とあまり変わらない感じ？

cl：うーん，そうですね。小学校 1 年生だったら長女に下の子の面倒
　　見てもらえないかな。

cc：あー，それはちょっと難しそうな感じ。

cl：そうですよね。

cc：多分ご存知かと思うんですが小学校にいくと早い時間で授業終わ
　　るじゃないですか。そのあと学童で預かってもらったり地域に
　　よって違うんですけどそのまま小学校で預かってもらうとかそう
　　いうのがあったりしますよね。

cl：はいはい。

cc：となってくると 5 年後田中さんが働ける時間ってどれくらいある
　　んでしょうね？

cl：まあ今よりは長く働けますよね。定時までは。6 時，5 時くらい。

cc：ええ，えっとそれは下のお子さんがいるということで？

cl：ああそうですよねぇ。この子がいるんだ……。そしたらお迎えに
　　いかないといけない。

cc：そうですね。そうすると今とあまり変わらない感じ。

cl：変わらないですね！

cc：はい。

cl：でも40歳ですよ。うう……。

cc：て考えていくとどうですか？

cl：そうですね……えー……。なんか違う働き方しないといけない。

cc：違うというのは？

cl：会社には申し訳ないんだけど何か準備して自分で収入，個人事業
　　主とか。

cc：ああ，独立。

cl：そうですね独立してやっていくことも考えないといけないのかな
　　あとも思いました。

cc：うーん。他には何か？

cl：そうですね……。うー……。少なくとも前みたいなバリバリに夜

遅く働くような働き方はだいぶ長い間無理ですね。

cc：それって逆算するといつくらいからそうなれそうですか？その表を見て考えると。

cl：（表をみながら）やっぱり，下の子が中学くらいにならないと……だから50歳ですよね。15年後。

cc：うん。15年後。その間例えば田中さんがなんでもかんでも一人で受け入れるって感じですか。例えばご主人とか周りのサポートとか。

cl：ああー，あっそうですね，近所に夫の両親が住んでるので。

cc：何か手伝っていただけそうですか。

cl：ほんと悪いけど，ときどきごはん作ってもらったりすればなんとかやっていける，もうちょっと早めることができるかもしれないです。

cc：あ，もうちょっと早めることができる，具体的には？

cl：うーんとこの感じだったら（表を指しばらく考える）下の子が小学生になったら。

cc：はい。

cl：いけるかなあ，44歳くらい，9年後。

cc：ちょっとそこ書きましょうか。

cl：（「祖父母に預ける」と記入）

cc：てことは今から9年後にはバリバリやっていけそうですね。

cl：そうですね。助かりますね。

cc：今どうですか，こうやって考えてみて。

cl：うーん……気持ちとしては今の会社でずっと働きたいので。あと9年。

cc：どうするかですよね。お聞きしてる限りでは今の会社は女性に長く働いてもらえる環境が整ってるかなあと私も感じたのでなんかその，うまく会社を活用したらいいんじゃないかなーって私思いました。

cl：ふーん（ちょっと納得した様子で）例えば？

cc：今そうやって 9 年後からバリバリやっていけるっていうのが明確になったので今からどうしていくかということですよね？

cl：はい。

cc：そこで田中さんの中で何を一番優先させたいか。

cl：何を優先？

cc：どういうふうにやっていきたいかっていうところだと思うんですよね。

cl：うーん……

cc：そこらへん，ぼんやりでもいいんですけど。

cl：そうですねぇ。ひとつには営業企画にはまだ 1 年しかいないのでやっと慣れたところっていうのがあるんで。

cc：うんうん。

cl：なんかその辺のところを，んー，なんか達成感のあるものにしていくのがいいかなあと。

cc：あー，おっしゃってましたもんね。

cl：はい。

cc：達成感というのが重要なのかなと私も思うので何か会社側に相談してみて達成感が得られる，営業企画の中でも達成感が得られるようなものってないのかなって。

cl：ああ，なるほど。

cc：探してみてもいいのかなって思ったんですけど。

cl：そうですね。はい，なんかいいですね。

cc：ああよかったです。

cl：達成感，なかなか。一度上司に相談してみて。

cc：いいですね。何があるかっていうところですよね。

15分終了，ブザー鳴る

◆ ツールを使いこなす

　ツールを使って流れる時間を見える化することで，相談者に今後のこと
を整理整頓するサポートを行っています。すると言葉だけでは見えていな
かったものが見えるようになり相談者自身が現状や気持ちを整理すること
ができます。今回は「営業企画の中で達成感を得られるようなものを探し
ていく」とご自身で意思決定をされました。

8 事業計画書を作ってみよう

◆事業計画書を作ってみる

　まずは自分が将来どうなりたいのかを考えるところから始めます。今から1年後の自分はどうなっているか，さらに5年後，10年後についてもよく考えてみてください。

　仕事，プライベートを分けることなく自由に考えてみましょう。あまり不安にならず楽しく考えてみてください。それを紙に書き出して具体的にすることも有効です。

　独立を考えているなら，以下のような「事業計画書」を作成するのもよいでしょう。いろいろと書く内容がありますがまずは下記4項目を考えることをお勧めします。

■事業計画書に書くべき事項■

```
1．企業概要
2．顧客のニーズと市場の動向
3．自社や自社の提供する商品・サービスの強み
4．経営方針・目標と今後のプラン
```

具体的には以下のようなことを考えます。

１．企業概要

（１）事業内容
　現在どのようなことをしているのかを書きます。場所等を写真などで掲載するとより詳しくわかりやすいでしょう。

（２）当社のサービス内容
　どのような内容のサービスを提供しているのか具体的なメニューや金額を記入します。

（３）売上の比率
　ここでは売り上げの分析を行います。売上総額が大きいものの順位や利益総額が大きいものの順位などを表であらわし，各商品の説明等を添えます。

２．顧客ニーズと市場の動向

（１）顧客ターゲットと商圏
　主な顧客層の年齢層や関東，関西等商圏を明確にします。

（２）顧客ニーズ
　どんな人にニーズがあるのか，要望等も記載します。

（３）市場の動向
　その業界等が現在どのような動きをしているのか，将来どうなりそうなのかなどを表や図を使って説明します。需要がありそうかどうかということですね。

（４）競合
　ライバルのことです。自身がやろうと思っていることのライバルをホームページ等具体的に探してみましょう。そしてどんなことをしているか詳細をかき出しましょう。

3．自社や自社の提供する商品・サービスの強み

（1）自社の強み
　自分ならではの考え方や有益性等を書き出しましょう。

（2）自社のサービスの強み
　実際に行っているサービスを具体的にどんなことに着目しながら行っているかを記載します。

（3）顧客からの評価
　実際に行っているサービスを体験していただいた方々からの評価等を記載します。

4．経営方針・目標と今後のプラン

（1）経営方針
　経営理念というかご自身がこういったことに気をつけながら配慮しながらやっていくことを記載します。

（2）経営上の目標
　ここは具体的な数字を記載します。　　例）これより3期分の売上目標等

（3）現在の課題
　どのような問題があり，それをどう改善したいかを具体的に書き出します。

（4）今後のプラン
　実施時期と具体的な実施内容を今から未来に向けて，例えば表にして記載します。

◆事業計画を作るメリット①
   小規模事業者持続化補助金に申請できる

　私は，「事業計画書」の作成と同時に「小規模事業者持続化補助金」の申請を行いました。

> 日本商工会議所小規模事業者持続化補助金
> https://r1.jizokukahojokin.info/

漢字ばかりの名称で少し難しい雰囲気がしますが，簡単に説明すると新しい事業の立ち上げにかかる宣伝費用等を補助してくれる制度のことです。

　補助対象となるのは以下のような人です。

> ・会社および会社に準ずる営利法人（株式会社，合名会社，合資会社，合同会社，特例有限会社，企業組合・協業組合）
> ・個人事業主（商工業者であること）
> ・一定の要件を満たした特定非営利活動法人（※）

　対象となる事業は，「策定した『経営計画』に基づき，商工会議所の支援を受けながら実施する，地道な販路開拓等（生産性向上）のための取組であること，あるいは，販路開拓等の取組とあわせて行う業務効率化（生産性向上）のための取組であること」とあります。事業計画を作るメリットがここにあるのです。

　補助対象となり得る取組事例には，いわゆる店舗改装のような費用だけでなく，キャリアコンサルタントでかかりやすい広告費（販促用チラシの作成，送付や，マスコミ媒体での広告，ウェブサイトでの広告，ネット販売システムの構築）などもあります。私も過去に３回ほど採択された実績があります。ぜひ検討してみると良いでしょう。

◆事業計画を作るメリット②
　キャリアビジョンが明確になる

　事業計画を作るのは大変な作業ですが，これを作成すると自分が何をや
りたくて何を目指しているのかが鮮明になります。つまり「キャリアビ
ジョンが明確」になります。キャリアコンサルタントで独立したいと考え
ている方は，ぜひ作成してみてください。そして実行してみてください。

　当然，途中修正もあるかと思います。あまり堅苦しく考えないで明るい
未来を想像しながら進めてみてくださいね。

【編著者紹介】

津田　裕子 (つだ　ひろこ)

キャリアコンサルタント

キャリコンシーオー主宰／株式会社リバース取締役

一般企業の採用担当者として面接官を務めた後，職業訓練校での講師経験を機に，キャリアコンサルティング分野への造詣を深める。2015年にGCSプロフェッショナル認定コーチの資格を取得。2016年にNPO法人国際メンターシップ協会認定アソシエートメンター，キャリアコンサルティング技能士2級にそれぞれ合格。同年から国家資格化されたキャリアコンサルタントとして登録した。

現在はキャリアコンサルタント事業を展開する「キャリコンシーオー」にて合格講座を運営。学生への就職サポート，企業内のキャリアコンサルティングなども行い，これまでに1万件を超える相談実績がある。また，厚生労働大臣指定のキャリアコンサルタント更新講習も開講している。著書に『キャリアコンサルタントになりたいと思ったらはじめに読む本』（中央経済社），『キャリアコンサルタント実技試験（論述・面接）にサクッと合格する本』（日本法令）がある。

ホームページ　https://caricon.co

キャリアコンサルタントの仕事と将来性がわかる本

2021年2月20日　第1版第1刷発行

編著者　津　田　裕　子

発行者　山　本　　　継

発行所　㈱中央経済社

発売元　㈱中央経済グループ
　　　　パブリッシング

〒101-0051　東京都千代田区神田神保町1-31-2
電話　03 (3293) 3371 (編集代表)
　　　03 (3293) 3381 (営業代表)
https://www.chuokeizai.co.jp

印刷／㈱堀内印刷所
製本／㈲井上製本所

© 2021
Printed in Japan

日商簿記検定試験用テキストの決定版

最近の出題傾向に基づいた解説内容を 2 〜 3 色刷りで
見やすくレイアウトした最新の簿記学習書

新検定
新出題区分対応版
簿記講義

◆1級〜3級／科目別全7巻◆

簿記検定試験受験者のために，新たな構想に基づいて編集・執筆した
新シリーズ。各級・各科目の試験に要求される知識を新出題区分表に
準拠して体系的に整理した科目別全 7 巻構成。わかりやすい解説とと
もに基本問題の解き方を例示し，あわせて実際の出題レベルで練習問
題を豊富に織り込む。例解方式でもっともわかりやすい日商簿記検定
受験用テキスト。

1級	会 計 学	渡部裕亘・片山 覚・北村敬子 ［編著］
	商業簿記	渡部裕亘・片山 覚・北村敬子 ［編著］
	原価計算	岡本 清・廣本敏郎 ［編著］
	工業簿記	岡本 清・廣本敏郎 ［編著］
2級	商業簿記	渡部裕亘・片山 覚・北村敬子 ［編著］
	工業簿記	岡本 清・廣本敏郎 ［編著］
3級	商業簿記	渡部裕亘・片山 覚・北村敬子 ［編著］

中央経済社